不一不异

何欢欢 著

生活·讀書·新知 三联书店

Copyright © 2020 by SDX Joint Publishing Company.
All Rights Reserved.
本作品版权由生活·读书·新知三联书店所有。
未经许可,不得翻印。

图书在版编目(CIP)数据

不一不异 / 何欢欢著. —北京:生活·读书·新知三联书店,2020.6
ISBN 978-7-108-06836-1

Ⅰ.①不… Ⅱ.①何… Ⅲ.①佛学-文集 Ⅳ.①B948-53

中国版本图书馆 CIP 数据核字(2020)第 062003 号

责任编辑　王婧娅
封面设计　周伟伟
责任印制　黄雪明
出版发行　生活·讀書·新知 三联书店
　　　　　(北京市东城区美术馆东街22号)
邮　　编　100010
印　　刷　常熟市文化印刷有限公司
排　　版　南京前锦排版服务有限公司
版　　次　2020年6月第1版
　　　　　2020年6月第1次印刷
开　　本　889毫米×1194毫米　1/32　印张　6.5
字　　数　145千字
定　　价　36.00元

自 序

我从小就有一张"考试被作文拖后腿"的标签,大学读了哲学系还是一动笔就觉得自己不擅写作,甚至几度怀疑选错了专业——佛教学——这个实际上以"作文"为唯一成果和评价标准的纯人文领域。后来留学日本和美国多年,学术工作常用英文与日文,似乎成了掌握某种专门技能的匠人,却对母语写作日益敬畏,渐行渐远于心向往之的文人。

直到2014年秋,经同事介绍结识了《上海书评》的编辑黄晓峰先生(别名"有鬼君")。在他不断地鼓励、劝导和催促下,我居然鬼使神差般地写起了不计"工分"的随笔,甚至曾多次被同事关心:"写报纸文,还认真做学术吗?"笑答:"学问不论深浅,被读懂才有意义。"

如果说这本小书里的文字是在学术工作"之余"信手拈来的,那绝对是自欺欺人的梦话。写随笔所花费的时间和精力并不亚于专业论文,时不时还会出现一点"文笔较差"的阴影,更要绞尽脑汁写得好看些、有意思点儿,亦不能少了学术或知识的原创性。每每完稿后,惴惴地发给有鬼君审读,与投稿给"核心期刊"时闲庭信步的状态判若两人。

书名"不一不异"取自龙树造、鸠摩罗什译《中论》:"不生亦不灭,不常亦不断,不一亦不异,不来亦不出。"这句著名的"八不中道"是佛教哲学的精华,阐释了最根本的甚深妙法。此处俗用其二,缘起万物既不相同亦非不同,每篇小稿谈论的内容也都存在着"不一""不异"的隐性观照,可供参寻玩味,权当是这本"佛系"学术随笔集的特点吧。

收录的二十篇小文中,《玄奘大师与无遮大会》《是谁弄错了"窥基"的名字?》是两篇学术性较强的文献考证,其实是专业论文的副产品。前者为研读《掌珍论》的"边角料",论文发表于国际权威期刊后,将其中的一个脚注扩展成了故事。后者乃最得意之作,中文稿见报后意犹未尽,补充改写为英文学术版,投稿至由铃木大拙创刊于 1921 年的 *The Eastern Buddhist* 被录用。以此沾沾自喜地以为实现了母语写作随笔与外文发表学术相容互补的最佳模式,可惜这种好事似乎只可遇而不可求。

《榻榻米上的真言密教》等七篇是关于日本佛教的感性思考,试图从吃、穿、住、行的生活场景甚至影视作品的细节来表现当下信仰的真实状态。这一方面与我近十年大半时间都在东京访学,积累了许多个人经历与体验有关;另一方面,大众对"佛教国家"日本有着诸多似是而非的认知,作为学者总想从专业的角度予以考析或辩驳。于是,便以自己的"见闻觉知"为基础,尝试着记录这种时尚现代的、特立独行的、活泼生动的佛教形式。至于中日之间的"一""异"之辨,当是见仁见智的功夫,意在言外,不争高低。

三篇纪念文,有两篇写的是名人。对王尧先生心存发自肺腑的感恩与怀念,尤悔年少不惜福。纪念沼田先生的实际目的是介绍其家族"实业传道与学术弘法"的事业和精神。自己几无成为实业家的可能(顺便提一下,《如何烧香》原本是为了改行从事"香道"产业写的一部分先行研究,结果香没做出来,论文倒颇受好评,遂很快断了创业的念头),却仍梦想着天下公器之学术能被"人民币"尊重地支持。《怀念薛纫蘅女士》是唯一未曾发表的文稿,多年前含泪写下只言片语,只为表达哀思。现收录于此并不是要重复一个"成功男人背后的女人"的平凡伟大的爱情故事,而是因为夫人超凡脱俗的言行举止足以影响我的人生。

三则"对谈"刊出时都是访谈的形式,我于其中只是提问者的身份,以便把原本散漫的聊天统合成逻辑完整的论述。当初发心要"追问"几位自己敬仰的学者,真实的意图是想借学养深厚的大师之口,讲述我所欣赏的最具代表性的治学理念与研究方法。所以,在根据录音整理并翻译谈话内容时,往往把多个问题整合为一,或者将一段意思分解在多处,除了依个人偏好而作的取舍外,也混入了不少自己的想法。尽管在刊发前请"与谈人"审核了稿件,但由于三位教授都不通中文,难免不被我含糊地"代言"了一把。

最后想特别讲一下的是《AI能成佛吗?》的写作缘起。2017年夏末,在机场书店看到《中国慈善家》杂志,一下被封面人物陈天桥说的"我证无我"所吸引。"无我"是佛教的核心思想,但鲜有富裕的佛教徒能跳出维摩诘的方丈室而直抵"无我"的境地,陈先生居然还要证明"无我"!读完慈善家的故事,脑子里不仅冒出了"有钱能使鬼推磨"的俗语,更是深深地佩服起这位传奇人物。科学之于佛学的意义可以荒诞也可以严肃,但不可以被无视。

四年时间完成的这十多篇"作文",除三篇外全部经黄晓峰先生之手发表于《上海书评》,经历了从纸质《东方早报》到电子版"澎湃新闻"的转变。如今,承蒙生活·读书·新知三联书店王婧娅女士的厚爱,编辑成书,诚惶诚恐又窃喜昭昭。这本文集于我个人的意义超过了一部学术专著,是谓技可学、术可功,唯文难作!

2018年初秋于东京寓所

目　录

001　玄奘大师与无遮大会
007　是谁弄错了"窥基"的名字？
014　如何烧香？
021　舌尖上的日本禅
028　榻榻米上的真言密教
037　袈裟搭在西服外：穿在身上的净土真宗
048　"帅和尚"靠什么赚钱？
053　从檀林到大学
058　日本的地狱教育
063　葬祭式上的那身黑色礼服
068　AI能成佛吗？
076　怀念王尧先生
083　怀念薛纫蘅女士
088　实业传道与学术弘法：纪念沼田先生
096　"印度哲学"的名义

102　东京大学文学部"报销"物语

110　佛学与梵文写本研究——与恩斯特·斯坦因凯勒教授的对谈

133　日本的佛教研究——与斋藤明教授的对谈

162　藏传佛教研究——与范德康教授的对谈

177　附录　何欢欢谈梵文佛教研究

玄奘大师与无遮大会

【笔者按】2017年7月底8月初,少林寺举办了首届"无遮大会",全球身怀绝技的高手齐聚嵩山,进行了一场被称为"世界武林大会"的对决。这次活动让一个并不常见的术语"无遮大会"进入了大众的视野,或许不少人会疑惑"无遮"是什么意思?而在此前的中国佛教语境中,说到"无遮大会",大多即联想到玄奘大师在印度留学归国前"一战成名"的曲女城辩论大会。

玄奘,中国最广为人知的佛学家、翻译家、旅行家,《西游记》中"唐僧取经"故事的原型。但历史上的玄奘并非西行至天竺、取得真经后即返中土,而是在北印度的那烂陀寺等地勤学佛法十余年,更在回国前两年(641—642)于曲女城(现印度北方邦卡瑙杰)附近举办的一次辩论大会上,舌战群雄,大获全胜,赢得了"大乘天"与"解脱天"的最高称号,后载誉归国。可以说,玄奘是中国历史上第一位在异国他乡求学成功,却放弃当地礼遇厚待而毅然回国,最后在祖国取得了更伟大的成就的"海归"留学生。

玄奘留学的目的地堪称当时的"世界顶尖大学"——那烂陀寺,他选择的主要导师是"世界著名学者"、那烂陀寺住持(校长)戒贤论师(戒贤的老师是护法论师,著名的《成唯识论》即以护法的解释为主要基准,兼收其他九家注释加以糅合编译而成)。

当玄奘在那烂陀寺学习至第八、九年时,有一位名为般若毱多的南印度婆罗门写了一篇题为《破大乘论》的长文,共七百颂,宣扬正量部(佛灭后三百年,从上座部分出的小乘学派)的教义,受到诸多小乘佛教论师的推崇。不久,就有小乘论师把这部著作献给了当时印度最大的统治者戒日王(606—647 年在位),并请求国王下令大乘佛教徒与之论辩高低。崇文尚学的戒日王于是下诏那烂陀寺,要求住持戒贤派法师应战辩论。戒贤先后问了海慧、智光、师子光、玄奘四人,但海慧等三师因顾虑到若战败则那烂陀寺名声扫地,故颇为犹豫。玄奘则以"若其有负,自是支那国僧,无关此事"([唐]慧立原本、彦悰撰定《大唐大慈恩寺三藏法师传》,《大正藏》第 50 册,第 245 页上)为理由,一人应王命。

玄奘并没有直接"出战"般若毱多,而是先去乌荼国访得般若毱多所著之《破大乘论》文本,读后有数处疑惑。玄奘不耻下问,向曾论败于他并沦为奴的婆罗门请教,找出了《破大乘论》的错谬要害,撰写了一千六百颂的《制恶见论》,以代舌辩。

戒日王大为欣赏《制恶见论》,特地为玄奘在曲女城举办了一场辩论大会来弘扬大乘佛教的义理,尤其是护法、戒贤一系的瑜伽行唯识学说,同时破除小乘佛教与外道的各种异见。辩论大会完胜后,戒日王邀请玄奘观摩了在曲女城不远处的钵罗耶伽国大施场举行的第六次"无遮大会"——持续七十五日的大布施活动。

这则故事出自《大唐大慈恩寺三藏法师传》(简称《慈恩传》)。一般来说,研究玄奘大师的生平与西行经历的文献资料主要有:(1)玄奘述、辩机撰文《大唐西域记》(简称《西域记》),完成于646年;(2)冥祥著《大唐故三藏玄奘法师行状》(简称《行状》),完成于664年;(3)慧立原本、彦悰撰定《慈恩传》,完成于约688年;(4)靖迈(约600—700)著《古今译经图纪》(简称《图纪》);(5)道宣(596—667)著《续高僧传·玄奘传》(简称《玄奘传》);(6)刘轲著《大唐三藏大遍觉法师塔铭》(简称《塔铭》),完成于837年,汇集"三藏遗文传记"而成。其中,最具史料价值的文献当数玄奘口述的《西域记》。关于大师回国前辩论并扬名全印度一事,则以前述《慈恩传》所叙最为翔实生动,后世的流传亦多依此阐发甚至演义。

《西域记》中关于玄奘在印度赢得大辩论一事的记载相当隐晦,只是在描述应戒日王之邀参加曲女城法会时提到:"馔食已讫,集诸异学,商确微言,抑扬至理。"(《大正藏》第51册,第895页中)其中的"馔食"指的就是法会中的僧俗大众接受戒日王的饮食布施——吃完饭后,持不同观点的学者聚集在一起开会研讨"微言"与"至理"。《西域记》用词谦逊,以至于看不出玄奘大败印度诸论师这一关键情节。

《西域记》同卷还记载了戒日王有每五年举办一次"无遮大会"、每一年举办一次"辩论法会"的定例:

> 五岁一设无遮大会,倾竭府库,惠施群有,唯留兵器,不充檀舍。岁一集会诸国沙门,于三七日中,以四事供养,庄严法座,广饰义筵,令相摧论,校其优劣,褒贬淑慝,黜陟幽明。(《大正藏》第51册,第894页下)

一般认为"无遮大会"的对应梵文是 pañca-vārṣika(-maha),音译"般遮/阇于瑟",意译"五岁筵",即字面意思:每五年举行一次的集会筵席。据《大智度论》所传,佛灭后百年,阿育王(约前304—前232)始创"五岁筵"之风。后来的帝王或诸侯效仿之,每五年一次,以盛筵等种种物品布施僧俗大众。因不分贤圣道俗与贵贱上下,平等施与、无限制、无遮止,故称"无遮"。会期最长可达三个月,一度盛行于印度和西域等地。梁武帝曾于529年10月,在同泰寺(现南京鸡鸣寺)举行四部无遮大会,召集僧俗五万人。日本推古天皇也在597年11月,为了庆祝法兴寺(奈良飞鸟寺,日本第一座正式的寺院)落成,举办了无遮大会。

吕澂先生在首发于1964年的《玄奘与印度佛学》一文中指出:

> 据《西域记》卷五,此会(曲女城法会)是一年一度专门讨论佛学的集会,其年恰逢五年一度的无遮大会会期,于是两会就合并举行了,唐人因此称它为"九旬大施"(九十日,十日为一旬),也称其第一阶段为"十八日无遮大会"。见《古今译经图纪》卷四,《因明入正理论疏》卷五。

也就是说，戒日王为了广积福德，每五年举行一次这种传统的"无遮大会"来布施各派僧俗、鳏寡孤独；而以敦促学术研究为目的，甚至宣扬或贬抑某派教义的"辩论会"则每年举办一次。这里的"十八日"与《西域记》中的"三七日"（二十一日）有三天之差，不知这三天时间是以"吃饭"为主还是以"辩论"为主。

那么，后人关于玄奘在曲女城"无遮大会"上舌战群雄、名震全印度的印象从何而来？这恐怕得归功于其弟子慈恩大师基（632—682年）的笔法。与《西域记》的"低调"形成鲜明对比的是，基师在《成唯识论述记》中强调"（十八日）无遮大会"是戒日王专门为了玄奘"论战"以般若毱多为代表的印度各派而开设的。基师的另一部代表作《因明入正理论疏》中亦有叙述：

> 大师周游西域，学满将还。时戒日王，王五印度，为设十八日无遮大会，令大师立义。遍诸天竺，简选贤良，皆集会所，遣外道小乘，竞申论诘。大师立量，时人无敢对扬者。（《大正藏》第44册，第115页中）

此后，"无遮大会"就成了玄奘打遍印度无敌手的著名历史事件。

日本的法相宗学僧藏俊（1104—1180）最早对基师所述之"十八日无遮大会"产生过怀疑，他曾在《因明大疏抄》中指出这一说法与《慈恩传》等有所出入。值得一提的是，《行状》《玄奘传》的叙述与《慈恩传》大同小异，都认为戒日王先为玄奘在曲女城开办了辩论会，获胜后邀请玄奘至钵罗耶伽国大施场观摩"无遮大会"。

《图纪》则提供了另一种略有不同的版本：戒日王并没有专门为玄奘召开辩论大会，而是趁着每五年举行一次的"无遮大会"召集群贤，让玄奘以所著之《制恶见论》与《会宗论》公开立论，然历时十八日终无人能破。

《会宗论》，一作《会中论》，现已不存，据《慈恩传》所载："（玄奘）法师为和会二宗（中观派与瑜伽行派），言不相违背，乃著《会宗论》三千颂。论成，呈戒贤及大众，无不称善，并共宣行。"（《大正藏》第50册，第244页下）玄奘造论融合中观派与瑜伽行派的这一说法颇耐寻味，让人想到8世纪的那烂陀寺学者寂护（725—788）论师及其弟子莲花戒（约740—795）在西藏弘传之"瑜伽行中观派"。

虽然以"吃饭"为主的"无遮大会"和以"论道"为主的"辩论法会"是两种不同的集会，但在玄奘参加的当年，两会都于曲女城附近举行，且会期相近或者部分重合。不管戒日王主办的这次"无遮大会"之"辩论专场"是否特意为这位大唐来的留学生所设，玄奘显然不仅无负于那烂陀寺当时的声望，更在日后成就了她（那烂陀寺）于中土和东瀛等外国地区的盛名。

是谁弄错了"窥基"的名字?

大约2013年底,哈佛大学范德康(Leonard van der Kuijp)教授在审阅我的一篇英文论文时指出:文中所用Kuiji(窥基)不妥,应改为Ji(基)。问其理由,答曰:日本学者都称"基",不用"窥基"。当时觉得这位荷兰裔教授是妥妥的"亲日派",中国祖师的名字岂能由日本人说了算?!遂坚持把Kuiji发表在了洋刊中。

2015年11月,东京大学斋藤明教授听完我的一场学术报告后评论道:日本学界早已公认慈恩大师的名字是"基","窥基"是错误的,不宜用在日语论文中。我随即反驳:中国佛教传统和学界一直都称呼"窥基",有时省略尊称"基师""基公",没有正误之别。然而,此时的反驳已远不如当年来得底气十足。

虽然我研读佛学不过十几年,尚未通阅藏经,但若连窥基这位中国佛教史上第二伟大的本土佛学家(第一伟大是其师玄奘)的名讳都弄错的话,显然足以羞愧至无地自容。于是迅速请教了几位博学广识的高人,幸或不幸的是,大家与我一样,都认为"基"是"窥基"的略称,没有注意过所谓对错。然窃喜后,自觉有必要对这可大可小的名讳一事追查到底。

首先翻阅的是一般视为共识之反映或依据的权威辞典,结果颇为意外。日本近现代出版的佛教辞典,如塚本善隆补编《望月佛教大辞典》(世界圣典刊行协会,1936/1972,第 500 页)、宇井伯寿监修《佛教词典》(大东出版社,1938/1974,第 168 页)、织田得能编《织田佛教大辞典》(大藏出版,1954/1969,第 624 页,丁福保《佛学大辞典》编译自此书),均列"窥基"词条,注:"单称'基',世称'慈恩大师''大乘基''灵基'。"到了 1989 年出版的中村元等编《岩波佛教辞典》(岩波书店,第 154 页)、斋藤昭俊等编《东洋佛教人名事典》(新人物往来社,第 87 页),却出现了"基"词条而无"窥基",注:"尊称'慈恩大师',又称'大乘基',一般所谓'窥基'是错误的。"遗憾的是,这些辞典都没有说明"错误"的原因。

另一方面,虽然有关法相唯识的研究成果在日本汗牛充栋,但祖师的名讳仅以常识之姿登于各种论著,至多如镰田茂雄《中国佛教史》谓:"基,通常称为慈恩大师,窥基是错误的。"(岩波书店,1978,第 240—241 页)镰田先生后来修订的《中国佛教史·隋唐佛教》甚至没有出现"窥基"一名,只说"基,……慈恩大师、大乘基"(岩波书店,1999,第 639—640 页)。从出版的辞书、专著、论文等使用的名称的频率来看,日本学界最晚在 20 世纪七八十年代就公认"基"为正名,且是无须解释的常识。

在中国,虽然《中国大百科全书》《中国佛教》等辞书专著中偶尔可见"原名基"的表述,但恐怕大家早已习惯了"窥基"的称呼,不会多想其中还可能有史传的正误之别。事实上,吕澂先生于1955年完稿的《中国佛学源流略讲·附录·慈恩宗》中罗列玄奘门下四哲之窥基时,括注了一句按语:"'窥'字是宋人加上去的,原名'基'上是何字,不详。"(《吕澂佛学论著选集》第5卷,齐鲁书社,1991年,第2938页)

汤用彤先生《隋唐佛教史稿》(20世纪20年代末至30年代初的授课讲义,70年代经汤一介先生整理后,由中华书局于1982年首次出版,第154—155页)则说:"据其碑文、塔铭及其他较早记载,均言师讳基,而未言窥基,《开元录》始有窥基名(详见佐伯良谦《慈恩大师传》)。"

看来吕先生很可能没有读到汤先生文和他括号里注出的佐伯良谦大作,而汤先生也只是取了佐伯之结论并未予以说明,留给后学的问题一如吕先生所提:原名"基"上是何字?或者说"窥"字是怎么来的?

佐伯良谦(1880—1963)是日本法相宗高僧,京都法隆寺第一百〇四代管主(日文称大寺院住持为"管主"或"贯首"),后创立圣德宗,代表作《慈恩大师传》由古书商山城屋文政堂于1925年出版。该书从慈恩大师与玄奘三藏的因缘谈起,历数了诞生、俗家尉迟氏、名讳、幼年、出家等生平事迹,辩妄了"三车说",论述了唯识教学的流布及其与律家、净土的交涉等等,穷尽史料,考证细密。虽然目前所见日文论著并没有把"窥基"为误称这一定论归功于佐伯,但就出版年代论,《慈恩大师传》应是日美学界关于"基"之共识的典出。

慈恩大师的名讳自古以来就有多种说法。收于《卍续藏》的晚唐镜水寺沙门栖复撰于877年的《法华经玄赞要集》(通称《镜

水抄》)即有整理:

> 言基撰者,基字是疏主名。当时唐初未讳,今时国讳字也。唐三藏弟子,多于大乘下着单名,大乘基法师、大乘光法师等。亦有云惠基,亦云窥基。三名之中,基与窥基最亲。唐三藏临已谢寺表中有窥基名字。又于奏请御制经序表中云:大唐龙朔三年,于玉华宫,译经六百余卷,至十一月二十三日,令弟子窥基奉表闻奏……(《卍续藏》第43册,第178页上)

基公碑文、塔铭均作"讳基",沈玄明《成唯识论后序》、靖迈《唯识二十论后序》等时人文书,以及"百本"章疏撰号,都作"大乘基"或"沙门基",未见"窥基",更不用说"惠基"(一写"慧基")、"灵基"。如栖复所言,玄奘门下不少弟子取单字名,如:光、巍、林、钦、晖、询、谌、云、诠,除了诠法师外,其他人都常带前缀"大乘",这可能是玄奘于印度曲女城辩论得胜获"大乘天"的美称,归国后传给了弟子,以彰显本门学问的正统与荣耀。

根据上述史料,很容易得出慈恩大师本名单字"基"的结论。那么,接下来的问题是如何解释"窥"字?

佐伯转述了《掌中枢要记》的一段话:为避讳开元神武皇帝(712—756年在位)的本名"隆基",把"基法师"追改成了"本法师"!以慈恩大师当时的盛名,称其"本法师"并不会产生误解。如日本以"お大师"专指真言宗祖师空海(774—835),而不是泛泛的佛教"大师"。此外,这部《掌中枢要记》不是慈恩的再传弟子智周(668—723)的同名注记,佐伯谓"作者不详",现代日韩学者多认为是新罗僧人义宾(又作"义演",约9—10世纪)的撰述。

佐伯提出的另一条重要线索是记有"宋太宗太平兴国九年八月十七日在奥"(意为:后跋记于984年8月17日)的《清算记》之说明:"疏主大师,姓尉迟,讳窥,字洪道。"但此文在收于佐伯良谦之师佐伯定胤(1867—1951,法隆寺第一百零三代管主)和中野达慧(1871—1934)共编的《玄奘三藏师资传丛书》(出版年不详,电子版见于日本国立国会图书馆数据库 http://dl.ndl.go.jp/info:ndljp/pid/1040569)时校印为"讳基"。佐伯良谦指出,"窥"一字名不见于其他任何文献,因为"音误"或"音通"写错了,或更有可能的是,记者扶桑沙门清算(10世纪)沿袭了宋人避讳唐玄宗本名之风,用发音相近的"窥"替换了"基"——按"王力系统"拟音(http://xiaoxue.iis.sinica.edu.tw/ccr/♯),"窥"字中古音拟为:$k^h\text{iwe}$,"基"中古音拟为:$k\text{ĭə}$。日语读"窥基"为"ki ki"亦可佐证两字的中古发音相近。

此外,《慈恩传》的多种传世本中,校勘《大正藏》所用的宋、元、明、宫等普通本(宋、元、明版的底本分别是位于东京都港区芝公园的增上寺所藏的思溪资福藏本、普宁藏本、嘉兴藏本)有"令弟子乘基奉表奏闻"(《大正藏》第50册,第276页中)一句,其中的"乘基"在佐伯手中的古写本《慈恩传》以及通行本《开元录》《镜水抄》中都写作"窥基"。

佐伯认为:约成书于688年的《慈恩传》原文应是"大乘基",抄写时脱落了"大"字而作"乘基",如赞宁(919—1001)撰《宋高僧传》所述"或言乘基,非也,彼曰大乘基,盖慧立彦悰不全斥故"

(《大正藏》第 50 册,第 726 页中),后人再用避讳来的"窥"字校合造出了"窥基",并由此衍生出"惠基""灵基"。

最后,佐伯总结道:慈恩大师本名单字"基",始见于《开元录》《镜水抄》的"窥基"是错误的,《宋高僧传》以"二字名"的先入为主观念称"基"为省略也不当,《佛祖统记》《佛祖通载》《神僧传》等后代文献以讹传讹,终使"窥基"取代了"基""大乘基"而成为主流,广传于学界和坊间。

佐伯之考释的最大特点在于所用文献几乎全都是日本奈良至镰仓时期的古写经——身为法隆寺管主,坐拥世界上最豪华的佛教图书馆,伸手可取著名的"法隆寺一切经"(战争时期流出一些被私人购藏,现亦作为珍贵文物散展于各大博物馆)——尤其"本法师"与"讳窥"两处异读实为孤本。然而,如果进一步考虑文本在流传过程中可能出现的"一字之差",以及不同朝代的避讳背景的话,那么,汤先生转引自佐伯的"《开元录》始有窥基名"这一结论就不够准确了。

自唐太宗李世民起,整个唐朝的避讳规制并不严格,至多依《礼记》"不讳嫌名,二名不偏讳"行事。也就是说,慈恩大师圆寂三十年后,唐明皇玄宗登基,但别人单用"隆基"中的一个"基"字并不犯上,如元稹(779—831)《连昌宫词》"舞榭欹倾基尚在"言及先帝名讳并未受到查处。所以,慈恩大师的单名"基"即便在开、天宝年间都无须避当朝国讳,故因成书于开元年间而得名的《开元释教录》可用"基",晚唐栖复亦可照写不误。另外,就避讳礼法来说,在与"基"并用的情况下,"窥"字的避讳功能是不成立的,即"窥基"一名毫无避讳之功用。由此推测,因为没有实际的避讳需要,所以唐人用"窥"代替国讳字"基"的可能性不大,更不会写作乌有的"窥基"!否则,就应出现"大乘窥""沙门窥"等痕迹或记录了。

那么,如何解释唐人撰述中出现的"窥基"?一个无奈却可能的理由是:近现代所见文献基本都是宋明时期的校刻本或者更晚的清人校编本,严格来说,所录文字不全是唐时的写法,如《慈恩传》"令弟子窥基奉表奏闻"存在异写"乘基",这句话在通行本《开元录》中虽也作"窥基",但《开元录》另有六处均为"大乘基"。所以,流传下来的《慈恩传》《开元录》《镜水抄》等"唐书"中的"窥基"极可能是后人校勘改定而来的。

根据佐伯介绍的资料,最早且唯一的"窥"单字名,出现在984年抄于东京的《清算记》中。日僧清算在北宋初年巡礼了五台山,其书写很可能遵守了宋太祖、太宗时期严格的避讳规制,或承袭了宋人的做法,主动规避了本来无须避讳的前朝皇帝,用"窥"字改写慈恩本名。后在传抄过程中,与"基""乘基"混校产生了"窥基"一名。"二字名"也符合汉语"双音化"的发展趋势,易于流传。至于"惠基""灵基",如《宋高僧传》所述,可能是当时人对"基"的美誉尊称,并不一定衍自"窥基"。

也许正因为犹豫于佐伯良谦的考辨并非严密无漏,尤其是"本法师"与"讳窥"两条关键性证据均非中国撰述,而且佐伯所用日本古写经虽贵其珍但缺旁证,所以汤用彤先生才仅仅介绍了佐伯结论的一部分,而未传判名字正误之说。由此看来,倒是吕澂先生看似缺乏文献依据的推论"'窥'字是宋人加上去的"较为合理了。

如何烧香？

出差曼谷，所见神佛像前无不香烟缭绕。泰国人勤于礼祭，中国游客也都喜欢拜求一番，且不管所跪之"四面佛"（Phra Phrom）乃印度教大梵天而非我佛菩萨。泰国人往往点一根蜡烛、一或三支香，同时奉上一朵白莲花或一串鲜花环。中国游客少有入乡随俗者，多以自己熟悉的方式进行着"仪式"：一把或多捆香一起点燃，让人联想到烧柴，不知道是觉着一支、三支地点颇费功夫，还是认为烧香越多所求越容易应验；更有图省事者连塑料膜带包装纸一起烧，浓烟滚滚，像是焚垃圾。好在泰国不卖"高香"，否则定有人去烧个碗口粗细、身丈长短的"有求必应香"。

拜佛一定要烧香吗？

佛教沿袭了印度自古以来的习俗，把香作为供养物品之一，主要用来礼敬佛菩萨，兼祀天神阿罗汉等。广义的香可指各种花果、饮食以及香料产生的烟与气味，可使人陶醉，又颇具神秘性，在各大文明传统的咒祭等仪式中都是不可或缺之物。印度天神系统中的乾达婆又名"食香"；人死后的中阴身也常被认为以香气为食;唯诸佛菩萨已经证果,不再摄受包括香在内的轮回之食(如"四食")而以法喜禅悦为食。所以,佛前烧香并不以供食祭祀为目的。这在佛教初传汉地之时就为人所知,《魏书·释老志》载:"不祭祀,但烧香礼拜而已,此则佛道流通之渐也。"

北魏时期编译自西域俗语的《贤愚经》中有这么一个故事:

古印度放钵国一位长者,幸得婢女识破医师奸计而续命,婢女请求长者与其"交通"。十月后生下男儿,婢女愿望满足,取儿名"富那奇"(意为"满愿")。富那奇才艺智量皆过众人,但因为婢女所生,不能列入子嗣,仍为奴隶。长者死后,正室所生次子欲通过分家将富那奇据为己有后杀之,长子羡那悲心怜悯,选择富那奇作为分家财产而"净身出户"。富那奇向兄嫂借了家里唯一的"五钱",去市场上买了一捆柴——内杂一段牛头旃檀香。其时,王后正得热病,需用牛头旃檀香涂身以治疗,举国寻求不得。富那奇就把香分成十块,其中一块送至王宫,王后磨细涂身即大病痊愈。富那奇得王赏黄金千两。其余九块香也因此即刻售罄。富那奇赚得黄金万两,家产已数倍于长者。随后,有五百商客邀富那奇一同入海采宝,不幸遇摩羯鱼海怪,富那奇虔心祈佛救救众人平安归家。富那奇已然为羡那积累了七世子孙都享用不尽的财富,就说服兄长,带着五百采宝众到舍卫国依佛出家了。

一日,富那奇在禅定中以天耳闻见羡那的呼救声——羡那不听富那奇劝告,再次入海采了大量牛头旃檀香,惹怒龙王,危在旦夕。富那奇当即以罗汉神足,化作金翅鸟,吓退了龙王。羑那及众人安全回家。于是,富那奇就教化羑那信佛。两人用纯㮈檀木在放钵国为佛盖了一座小堂,羑那问:"用什么东西才能请得动大老远的佛来呢?"富那奇就带着羑那备齐了各种供养物品,然后手持香炉一起登上高楼,遥望着佛住的祇园精舍,烧香祈祷:"唯愿明日,临顾鄙国,开悟愚朦,盲冥众生。"祷告完毕,香之烟气就乘着风力一直飘向了祇园,直到佛的头顶结成了香云伞盖。富那奇又带着羑那一起观想用净水给佛洗足,水也乘着虚空如愿洒到了佛足。阿难在祇园看到此景,很是奇怪,就问佛:"谁放的烟和水?"佛告阿难:"是富那奇罗汉比丘,于放钵国,劝兄羑那,请佛及僧,故放烟水,以为信请。"次日,十大弟子及各路僧众为先导,佛应请亲临放钵国,为羑那及众人开示说法,举国皆得度脱。(《富那奇缘品第二十九》,《大正藏》第4册,第393页下至398页上)

从婢女求愿到观想沐足,故事的信息量相当丰富,但自中国至日本的佛教传统却往往将此品的寓意精炼为"香为信心之使"。这一说法最早见于赞宁(919—1001)撰《大宋僧史略》,又常与支谦(约3世纪)译《须摩提女经》中"世尊告曰:此香是佛使,满富城中须摩提女所请"(《大正藏》第2册,第839页下)的传说相映衬,成为佛教徒最爱模仿的本缘故事之细节——简单到只须烧香、殊胜到求佛可应!烧香也就从各种供养中突显而出,成为进寺拜佛之首选。

遗憾的是,富那奇和须摩提女都没有传授如何烧香的细节,富那奇只说"烧香归命佛及圣僧",须摩提女则仅"手执香火"。仪式操作的不明确似乎会降低佛迹再现的可能性,但从上下文可知"烧香"只是彼时印度寻常之法:以识别倒卖牛头旃檀香发家致富又缘采香劫难而教化兄长的富那奇想必是在香炉里焚烧了这种世间最名贵的香。故相比于点烧的手法,贯穿整个"富那奇缘品"的"牛头旃檀"这种绝世妙香更值得关注。

事实上,在古印度,"涂香"可能比"烧香"更普遍,以《大智度论》为信:

> 花非常有,亦速萎烂,利益少故,是故不说。烧香者,寒则所须,热时为患。涂香,寒热通用,寒时杂以沈水,热时杂以栴檀,以涂其身,是故但说涂香。(《大正藏》第25册,第279页上)

意思是:鲜花蔫得快,香气不宜持久;寒冷处烧香附带有取暖功效,但炎暑时节就不堪其热了;唯有涂香可通用于各时各地。这一说法尤其贴合印度的气候。

《大智度论》又将"涂香"分为两种:"一者栴檀木等,摩以涂身;二者种种杂香,捣以为末,以涂其身,及熏衣服,并涂地壁。"(《大正藏》第25册,第279页上)以香涂身或者衣服、地、壁等,主要是通过清净、装饰自身或周匝来表达恭敬。《贤愚经》中的王后涂以治病则是因为香的药用价值。

可能与在家信徒精进修行时须遵守的八关斋戒之"不涂饰

香鬘"有关,佛教徒少有以香涂身或衣服的喜好。供养佛菩萨的"涂香"主要是以香涂塔上,如慈恩大师(基,632—682)在《说无垢称经疏》中记到:"烧香者,沉香之类可烧之香。涂香者,摩栴檀香以涂塔上。末香者,以香为末散塔上。"(《大正藏》第38册,第1109页下)

"末香"常与"烧香""涂香"并举。"末"字易与"抹""抹"等音形相近字混用。对此,可依基师《妙法莲华经玄赞》的解释为准:

> 末香者,若手擞摩作"抹",细壤土作"抹",涂饰作"濊"。今既别有涂香,故应作"抹"。玉篇秣者,亡达亡结二反,粥糜也,碎香如糜,故作"秣"。碎香如细壤土,应作"抹"。(《大正藏》第34册,第788页下。又《法华经》列"华香、璎珞、末香、涂香、烧香、缯盖、幢幡、衣服、伎乐,乃至合掌恭敬"为"十种供养"。)

也就是说,粉末状的香可以根据制法与用法的不同分为"抹香""秣香"和"抹香",三者略有区别:"抹香"可依"抹茶"解,"秣香"如化妆用香膏之细腻,而"抹香"则取其尘土意。

华严宗四祖澄观(738—839)在《华严经随疏演义钞》中引申义解了这三种香:"约理者如烧香,谓以智火发挥万行普周遍故。涂香者,以性净水和之饰法身故。末香者,以金刚智碎令无实故,即以智及性净等为生处也。"(《大正藏》第36册,第678页中)玄奥哲理之味甚浓。而密教用香最为讲究,根据修法的种类和次第,区别使用各种质材、相状、烟气、香味,同时配合以仪轨与义理，使香之效用更加神奇。

可以说香是礼敬、供养佛菩萨的一种重要物品，古时主要有烧、涂、末三种。随着制香技术的不断改进，出现了丸香、练香、香油、香囊、香枕等等形式与用法。现代人最熟悉的"线香"一词始见于李时珍的《本草纲目》："今人合香之法甚多，惟线香可入疮科用。"

一般认为中国人在元代开始使用的由多种香料混合而成的"新式"线香，很可能直到明朝才得以普及：安南（今越南）向朝廷进贡了黑线香，名士高濂（1573—1620）所著《遵生八笺》中也出现了"京线香""聚仙香"等词，所载"聚仙香"的做法类似于今日的"竹心香"。

日本在17世纪中叶开始按照中国福州传去的制法做线香。而唐宋诗词中多见的"（一）炷香"显然不指线香，而是指焚烧一小块香木（多为单一香料），如白居易《斋居偶作》诗"童子装炉火，行添一炷香"。"炷"既可作动词表"点燃"意，又常借为量词，故亦可用来描述后出的线香，但不宜因线香形似"柱状"而写成"一柱香"——粗大如柱的现代"高香"另当别论。

近年来，不少寺院为了清净道场，在驱逐"烧高香"之不良风气的同时，提倡"三支清香"礼敬佛、法、僧"三宝"，甚至很多时候为了环保与安全并不点燃，所谓"心诚则灵"。这种形式作为"方便法门"固然可行，但不烧着就无从谈起香烟之缭绕无际、香味之沁心满界乃至佛顶结香云，也就无法如富那奇般"以香为使"传递自己的信念与愿求，实现"有求有应"。与此同时，牛头旃檀香、沉香等名贵"高香"（"高品质"非"高大"）日益绝迹，似乎也影响到了"香使"的作为,试想佛菩萨会欢喜"乌烟瘴气"所传递的诉求吗?

  如果不涉及各宗各派的专门法事,寻常的烧香就是简单易行的礼佛仪式——点燃(线香)、祈愿、放进香炉——并无严格的操作规范与要求。日本寺院多烧高品质的细短线香或抹香,每人在佛前点一支或拈一小撮。一位净土宗僧侣朋友曾说,如果觉得所求很多,点一支的时间不足以表达自己的诚意与心愿,那么也可以烧三支甚至更多,但如此就会耽误后面的人。"诚意"亦是"贪心",一缕烟足矣!

舌尖上的日本禅

说到佛教徒的饮食,大多会脱口而出"吃素的",文雅一点或称"茹素""素食"。对佛教的历史与术语略有了解的人可能会说"不吃荤腥",比如在餐厅点蔬菜时,和店员强调"不放葱蒜、不要洋葱",一副"葱蒜非素、洋葱有毒"的"科普"模样。

在日本,"素食"早已不再是佛教徒的一个标签。相反,"可食酒肉"成了日本佛教最引人注目的特点之一——"自今,僧侣肉食、妻带、蓄发等可为胜手事"("可为胜手事":悉听尊便),明治政府于1872年颁布的这则《太政官布告》与梁武帝萧衍的《断酒肉文》有异曲同工之处,即都以王法干预佛法,导民新风,后成传世道统。

日语称佛教寺院的饭菜为"精进料理",不用动物性食材,虽然也可以翻译为"素食""素斋",但事实上,只有寺院以外的无肉饮食才被称为"菜食"(素食),而这种"菜/素"意并非传习自中国,而是来自欧美的 Vegetarianism 及其相关文化的影响,故常见片假名写法"ビーガン/ベジタリアン"对应于英文 Vegan/Vegetarian 而不是汉字"菜食(者)"。但以鱼类为主要蛋白质获取来源的日本民众很少跟风奉行。

有意思的是,我经常能遇到来自欧美的"素食"(Vegetarian)学者,到了日本之后并不拒绝生鱼片,甚至餐餐啖以刺身。他们"吃素"不是出于宗教信仰或者修行的需要,而是为了通过减脂达到健康长寿的目的,鱼肉则是被科学验证了的营养丰富的健康食品,如此,"素食者吃鱼"也就不足为怪了。当然,深受中国佛教素食传统影响的日本民众对欧美的这种"鱼素主义者"并不以为然,尤其当大多数 Vegetarian 也自诩环境或者动物保护主义者,反对"捕鲸"、批判日本传统的"鲸鱼料理"时,"鱼肉非肉"的哲学诡辩加上"鲸鱼非鱼"的科学说辞往往会破坏主宾之间觥筹交错的融洽气氛。至于酒,当然和"鱼素主义"无关了,獭祭酒与金枪鱼刺身可是榻榻米筵席上的流行绝配!

简言之,日本街头的"素食"与佛教几无关系。当代日本佛教特有的饮食只是"精进料理"——一种听起来似比"怀石料理"更考究、更昂贵的菜系。

"精进"是常见的佛教术语,尤作为"六波罗蜜"之一为人所熟知,大意是:拼命地努力、毫不懈怠地追求上进。居士们为了精求进步而择定的在家修行的日子就被称为"精进日",以示要比平日更加努力地上求佛道。佛教传入日本百余年后,675 年,天武天皇明令禁止僧侣食肉。于是,在特定的日子过一下僧侣式修行生活的在家居士在"精进日"里只能食用"精进料理"——不含肉类的饭菜。因此,可以说精进料理源于居士,而非寺院僧侣。

明治以后,肉食之禁被取消,出家人与在家众共享不二的生活方式,精进料理逐渐演变成了只在寺院中专供修行僧侣食用的饭菜或者举行法会仪轨时的供物。禅宗以"一菜一汤"为基本,是极简派;真言密教用近二十种餐具"盛"现"七菜二汤"的"振舞料理"(宴请)堪称最奢华。近年来,也有面向大众的专门经营精进料理的餐厅,以精挑细选、精心制作、精致美观等"精"吸引顾客。京都、高野山等地与"宿坊"(寺院住宿)相结合的精进料理,更以高雅的日本佛寺体验为魅力,正在成为赴日旅游的一大新宠。

临济宗建长寺派第二百四十世管长(住持)吉田正道在《镰仓建长寺的精进料理》(世界文化社,2013)一书的开篇写道:"在我们的日常生活中,食事是理所当然的习惯。但是,吃饭这件事,实际上非常尊贵,因为我们的生命是依取他命才得以存续的。"以临济禅宗为代表的日本佛教所追求的精进料理,与其说因食材之无荤腥而可理解为"素食""斋饭"的话,不如说是一种"精于料、进于理"的修行法门。

禅宗精进料理的"理论"常被认为应该追溯至曹洞宗宗祖、永平寺开山和尚道元禅师(1200—1253)的《典座教训》("典座"是负责大众斋粥的职称,相当于现代寺院斋堂的负责人或厨师长),因为其中教示了以"喜心""老心""大心"来制作料理亦为佛道修行,是后世日本禅僧实践"衣食住行皆禅"(生活禅)的重要法理依据之一。相对于"箪食瓢饮"的儒家之乐似重于"吃饭"(吃什么),奉执"处处是修行"的佛门子弟则更在意"做菜"(怎么做)——"料理"这一汉语动词的本意。

《镰仓建长寺的精进料理》是我最喜欢的一本菜谱书,因为照着它可以"在家里做出古刹的味道",即用一般家庭的器皿与超市易购的食材就能做出恍如禅定境界的佛系菜品,并非像大多日本料理讲究炊具的专门、餐具的精致、食材的整备,让人望而生畏、无从下手。

在动手制作精进料理之前,建长寺先"约法四章",但并不要求俗人谨遵慎守每一条,随缘拣择亦可成方圆:

首先,也最重要,是尝试着做。禅僧如果每天一心只想着做饭、扫地,不念想其他事就是一种修行;料理也同样,"想吃了"就别考虑吃什么,而是先尝试着做一下。

其次,对食材抱以感恩之心,不糟蹋、不浪费。佛教有一种观点,认为即使是蔬菜等植物也是有生命的,即"草木山川皆有情"。因此,果皮、菜叶、被抽了汁的海带(海带煮出汤)等"废弃"的食材也不能随意丢掉,而应以感恩之心彻底使用。

再次,不可使用动物性食材和有强烈气味的蔬菜。精进料理的食材受到传统佛教教理与戒律的制约,在解禁的当代社会也不宜用鱼、肉等动物性食材和大蒜等有强烈气味的蔬菜。

最后,保持食材的原味。重视并珍惜食物的季节性,对营养丰富、采摘于最新鲜期的蔬菜要特别心存感谢,应小心翼翼地处理食材,选择最能保持原汁原味的做法。

与一般日本料理讲究的食材甄选、烹饪方法、娴熟程度等"精致"的工序要求相比,这四条"约束之法"显然比较随意或说任性,但更加注重"视食材为有情生命"的感恩与惜福之心。这种"一心"与"小心"源于佛教智慧与慈悲的本怀,作为信仰的外化,即是日本禅的一种实践。

建长寺位于镰仓,号"巨福山",被称为"临济宗五山第一"。

宗务总长高井正俊认为,该寺有着近八百年历史的精进料理的精髓全都包含在了"建长汁"里,四条"约束之法"是从建长汁中阐发出来的。(《镰仓建长寺的精进料理》"序言")

据传,七百多年前的某一天,建长寺的一位修行僧在准备饭菜时掉落了一块豆腐,正准备扔掉,开山和尚兰溪道隆(1213—1278)看到后就捡起来,洗净放入了旁边锅里正在煮的各种菜根中。加了豆腐的菜根汤变得异常鲜美,遂被命名为"建长汁",成为代表建长寺之禅心的料理。

一说建长汁的做法是开山和尚从中国带去日本的。兰溪道隆,原名冉莒章,出生在四川省涪江郡兰溪邑(今重庆市涪陵区)。十三岁入成都大慈寺出家,拜谒了杭州径山寺无准师范等江浙一带的名僧禅师后,于无锡阳山无明慧性禅师处得传临济宗(松源派)法嗣。三十三岁时,携弟子多人从宁波搭乘商船东渡日本传法,受到了以"禅门外护"闻名的镰仓幕府第五代摄政北条时赖的礼遇。北条为道隆禅师修建的寺院于建长五年(1253)落成,名"建长寺",是日本首座禅宗专门道场。山门之上的寺号题额"建长兴国禅寺"据传是后深草天皇(1243—1304)的御书。兰溪道隆圆寂后,获赐谥号"大觉禅师",是日本最早的"禅师"之号,意为"禅的师匠",其禅法后以"大觉流"之名弘传四方。

如今的建长汁亦常出现在普通的日本料理中,是一道以用料丰富著名的家常菜汤品。做法很简单:把白萝卜、胡萝卜、牛蒡、芋头、魔芋等根茎类蔬菜洗净、切块,先用色拉油翻炒,然后放入海带抽汁的锅里,水煮至熟透,放入用手掰成小块的老豆腐，最后视个人喜好放入盐、酱油或者味噌料以调味。

或许有人会问，道隆禅师煮的不就是一锅"乱炖汤"吗？喝了"建长汁"能开悟吗？

临济宗人认为，禅的本质都煮在了汤里。喝汤不能觉悟，但煮汤确是禅机！这不是说道隆禅师弘传的"大觉流"禅法像那块老豆腐一样，随便放哪儿煮都能调出醍醐般的美味；也不是说经道隆禅师之手"加持"过的豆腐有予人灌顶觉悟之特殊功效；而是意在譬喻禅法修行之事就像做菜煮汤的功夫，关键在于慈济万物、用活食材的心思与行力，可谓之"料理禅"。

所以，与很多人对日本精进料理之精致、精美印象相反的是，禅宗料理恰恰是随料随做、随缘粗放的，以不浪费手头的每一份食材为基本原则，甚至把废料弃材用简单的方法做成可口的饭菜，即以"生、煮、烧、蒸、炸"之"五法"做出具有"青、黄、赤、白、黑"之"五色"的佳肴。禅法的"化腐朽为神奇"也不过如此。

这样做出来的饭菜有"六味"：甜、酸、咸、苦、辛、淡。前五味无须解释，只有"淡味"可以说是精进料理所特有的。淡味就是新鲜的蔬菜、大米等散发出来的薄薄的甘甜味，或者说是食材的本来味道。日本料理普遍讲究食材的季节性（旬料理），禅宗在这方面的诉求可谓更"精进"了一步，主要即是出于对淡味的追求——要最大程度地使人尝到食材的淡味，然后再来调和其他五味，而不是用其他的添加味来掩盖食材的新鲜原味，除非是碰到了不太新鲜的蔬菜。

比如，精进料理一般不选用咖喱等辣味重口的香料，但是用浓味的咖喱来调拌因佛前供养等变得不新鲜的蔬菜时，却能再一次"化腐朽为神奇"。所以，相比固守传统或戒律对食材与佐料的限制，从慈悲的根本理念出发，以不浪费"他命"为心法的禅寺也时常制作蔬菜咖喱，甚至加入大葱丝以调味。新鲜时蔬的原味固然是禅师最为向往的自然之法，但对食材的彻底活用则是更加智慧的修行。

古刹建长寺出版精进料理的菜谱书，是为了向大众普及"融禅教于食事"的理念，如果说于食事之禅修有八分是"做菜"的功夫，那么，剩下二分则属"吃饭"的礼仪。

在禅宗寺院里，开餐前进行的"诵经""生饭"（夹米饭数粒于碗前供养饿鬼）等都是饱含禅教甚深妙法的重要仪式，席间不准聊天谈笑甚至不得发出咀嚼声等律仪也是修行的重要内容。现代僧侣仍然多以道元禅师的《赴粥饭法》为基本准则，具体的作法虽于各寺各派略有不同，但把精神集中于食物、专心致志地吃光饭菜，所谓"用心品味"的禅教道理是一样的。然而，这种肃穆的餐桌仪式与庄严的就餐环境，已与一般社会家庭的食事正相反，尤其在忙碌的现代都市，晚餐可能是一天中一家人唯一聚集交流的最重要的场所，寺院修行式的食事礼仪显然已不适用于在家佛教徒。日本民众在动筷前必说的"いただきます"（我开动了），据说源自佛教对续命之食材的感恩思想，并带有微妙的餐前供养的意义。简单易行的仪式正是不立文字的传心之法。

日本禅精进料理的精髓就是努力做好"食"这件事，"用活食材，吃尽饭菜"都是大觉之禅。至于味道，当如人饮水，或可曰禅食一味。

榻榻米上的真言密教

日本的"宿坊"（寺院住宿）早已不是什么新鲜的事物，但一晚一百万日元外加八万消费税（约合六万多元人民币）且"不含早"的房费，还是在如火如荼的世界杯赛、死亡两百多人的关西暴雨灾害、奥姆真理教麻原彰晃教主为首的七人被处以极刑等密集的社会新闻中登上了诸多日本媒体的头条。想必大多数人是被高价惊到了，何以在佛寺睡一晚就可价值百万？

根据7月4日的《日经新闻》（电子版），开出这一"天价"房费的是京都的一处"世界文化遗产"、真言宗（日本密教之一）御室派总本山仁和寺。该寺由平安时代的宇多天皇（867—931）创建于888年，至今已有1130年的历史，是赫赫有名的"门迹寺院"，即皇子等皇族担任住持、执掌寺院的传统一直延续到明治时期。在这种特殊历史文化的笼罩下，整座寺院尤其是只对皇家开放的部分殿堂颇具"高贵的神秘感"。《日经新闻》特地制作了一部3分28秒的短视频，介绍仁和寺于2018年5月启动的"高级宿坊"这一新商业模式的因缘。

开放住宿的是仁和寺境内一栋独立的二层木结构小楼"松

林庵",建筑面积约一百六十平方米,离"国宝"金堂(大殿)、"重要文化财"五重塔都较远。事实上,松林庵是其原主人于1937年捐赠给仁和寺的,近年来一直空闲着。2017年,仁和寺委托住友林业集团对松林庵进行了抗震改装。由于仁和寺全境属于不可挖掘的"埋藏文化财"区域,所以不能向下深挖地基,而只能通过把小木屋一次性整体抬高、再下铺钢筋混凝土的方式抗震。据说这种特殊的技术完好地保存了古建筑的木结构(比如松林庵内有一座称为"太鼓桥"的罕见町家特色小廊桥连接卧室与茶室),又可使其达到现代住宅的高抗震标准。与此同时,在庭园里种树栽花也不能挖土掘地,因而只能在平地上移土叠加才种上了千余棵树,再伴以山石枯木,俨然是凹凸有致的精致佛系风景,且足以遮挡实际不远处喧嚣的俗世马路。改造工程总共花费日元一亿五千七百万(约一千万元人民币),小木屋室内外连同庭院一起修饰全新,摇身变成了"向外国人传递日本文化与历史的高级宿泊设施"。

然而,寺院并不是日本传统意义上适合安住的舒雅环境,主要因为绝大多数寺院在境内设有墓地或于附近兼营着陵园。现代日本佛教常被人揶揄为"葬式",越来越多的民众(尤其年轻人)只在亡人祭礼或者扫墓时节才走进寺院。在现有一百多座古旧寺院的东京都中心地带文京区,紧挨着佛殿居住是再正常不过的事,都市里听着晨钟暮鼓起居别是一种文化的浪漫,但那些一开窗就能清楚看到隔壁寺墙内墓碑的公寓房价永远享有特殊折扣,新开发的楼盘在设计时就会千方百计地阻挡购房者坐在屋内直面墓园的各种视线。另外,据说年轻的日本女性不愿嫁入寺院人家的一个原因就是不想"睡"在墓地旁。

"宿坊"顾名思义就是"可以住宿的寺院"（日语称和尚为"坊主"，又作"房主"，即一寺坊之主僧，与汉语"方丈"有异曲同工之处。但近现代以来"坊主"演化为对一般僧侣的称呼，甚至略带轻蔑色彩，尤其是"生臭坊主"等俗语，而"方丈"则仍是对住持等大和尚的尊称），也称"宿院"，一般认为起源于高野山。从816年日本密教祖师空海建立金刚峰寺起，在这一片由海拔一千多米的群山围抱而成的高原盆地（海拔约八百米）上先后建起了一百多座寺院，形成了一个独特的佛教村镇（日语称"宗教都市"）。与之相即相伴的是，开山一千二百多年来，朝圣弘法大师、参诣根本道场、祭奠家亲远祖的善男信女络绎不绝。即使在今天的交通条件下，从东京坐新干线到大阪，再转乘地铁、缆车、巴士等，大约需要六个小时才能到达高野山，可想在古之徒步爬山时代，"登顶"后大多需要在山上留宿一晚，寺院就自然而然地提供客房给檀家信徒使用，这既可增进僧俗之间的感情，又能为"坊主"带去一定的经济收益。

高野山至今没有酒店或者旅馆，但一半左右的寺院在经营宿坊。不论信仰与否，上山的参访旅游者都毫无选择地乐于入住寺院，感受浓郁的真言密教氛围。值得一提的是，高野山的大小寺院多不在自家境内开设墓地或陵园，而是把墓葬都集中在"奥之院"附近的"佛舍利宝塔"一带。"奥之院"即史传弘法大师"入定"之所在，是真言密教圣地中的圣地，被认为具有高贵的灵气，因而距离空海"御庙"越近的墓地往往价格越高，其中不光有个人或家族的墓碑，也可见大公司的"企业墓"和"慰灵碑"，紧挨着弘法大师的"生身"以求多沾法雨、护佑永代。

与高野山类似,天台宗的总本山比叡山延历寺等山岳寺院也较早形成了颇具规模和影响的宿坊,但在京都等交通便利的都市中出现宿坊应是相当晚近的事情。以法事活动或者短期修行甚至学习体验等为目的而留宿信徒民众的寺院,不管收费与否,一般都被当作"宗教活动"的一部分,也就不计入宿坊之列。

《日经新闻》镜头里的仁和寺财务部长大石隆淳毫不掩饰经营"高级宿坊"的目的——赚钱!虽然说,仁和寺是受保护的"世界文化遗产",在全国拥有六十多座附属寺院,但皇家贵族"门迹"之历史光环背后的现实真相却是没有普通檀家所造成的财源问题。仁和寺近年来的主要收入靠门票,但与"少子化"同步的修学旅行客逐渐减少,而访日游客大多只知道清水寺、金阁寺这样的超人气寺院。2012年,约有三四十万人次参访了仁和寺,而2017年却减少到了二十五万人次,这意味着寺院收入逐年递减,五年少了近三分之一。"资金紧张到连文化财的保存修复都没有十足的回旋余地了,尝试过很多办法,但收效甚微……"大石隆淳说,"要保持寺院的正常经营,需要每年至少三十万人次的门票,这显然亟须提高知名度,要像清水寺、金阁寺、伏见稻荷大社那样吸引众多海外游客。"

所幸松林庵开放伊始,就迎来了第一位住客,坊间传言是欧洲著名的"经济人",完全符合仁和寺对目标客源的定位——访日的企业高管等富裕的外国人。除了入住松林庵外,客人还可以借用一晚历代住持的执务室,即只有皇室才可使用的"御殿",充分享受仁和寺尊贵的历史与文化。也有精进料理、雅乐鉴赏、花道等日本传统文化体验可供选择,但费用不包含在一百万之内。

事实上,在各大旅行住宿的商业网站以及仁和寺的主页都找不到"一泊百万"的信息。据说住宿预约主要靠富裕游客的专门导游口耳相传,而且寺院担心"如果一年有一两百人来住的话,恐怕会损伤到文物,所以还得控制人数"。果真是"贫穷限制了想象力"!

学者如我当然住不起"一泊百万"的仁和寺,不过常因调研、开会等工作需要住在普通寺院,大多是一至二万日元(约六百至一千二百元人民币)的"一泊二食"套餐,从单纯食宿的性价比来说,低于当地同等价位的酒店,但寺院的宗教神秘性与历史文化感之独特性始终吸引着我不断去体验一番,其中印象比较深刻的是住在高野山天德院的几天。

天德院是高野山五十多所宿坊里非常普通的一家,选择它只是因为距离高野山大学(世界上唯一的密教学科)只有一墙之隔,方便进校。下午3点以后才能办理入住,榻榻米房间里除了一幅卷轴曼荼罗画做装饰外,别无点缀。移开和纸木窗,迎面而来的是潺潺的小桥流水与雅致的红枫青松,无愧于国家级"名胜"、高野山三大庭园之首的美名。但这一切似乎都与一般的日式旅馆无异,素雅的墙壁和楼层公用的洗手间略显住宿设施的陈旧简陋。6点左右提供素食晚餐(精进料理),饭后可以自由参观殿堂楼阁。佛龛紧闭,在月黑风高、昧明幽幽中与各尊密教护法神对视需要一定的胆量,只身一人的我宁可着浴衣(简易和服)与木屐在院子里散步,那倒颇有一番"应怜屐齿印苍苔,小扣柴扉久不开"的宋人画风。

晚上我刻意早睡,因为第二天的"早课"(お勤め)才是这一"泊"的重点。闹钟定在"打板"前十分钟,却还是来不及梳洗整齐,一阵手忙脚乱跑到大殿。几缕朝霞透过厚重的梁柱,映得满屋金碧辉煌,是密教特有的光鲜亮丽。佛龛已经打开,平时秘不示众的大日如来像特供住寺的客人膜拜。住持和尚穿戴着华丽的袈裟,手捧经书正准备开始法会。

诵经大概持续了十五分钟,回向时听见"保佑渡边家公子来年考上东京大学"一句,不觉莞尔。随后,一直跪坐在佛像前的二十多位住客逐一起身上香,面向大日如来佛许下不虚此行的愿望。回到原位后不必再端坐如前,可以放松姿势听住持说"法话",完成早课的最后一道程序。住持也一改诵经时严肃庄重的表情,以极和蔼亲切的笑容请大家提问。所谓"法话",更像是日常问候、互道安好,没有"心灵鸡汤"式的劝勉告诫。

早课之后便是早餐,许是饿了半个多小时,感受到了一种特别的美味。在规定的退房时间10点前,还有抄经、写佛(描画佛像)、阿字观(密教修行的一种)等体验活动可供选择。看着与别处寺院大同小异,我就径直去了高野山大学,查阅举世独一的古写经。

高野山以外的宿坊似乎都因缺少空海大师"入定"坐镇的"气场"而魅力顿减,但也有早课、写经、坐禅、护摩行(又称"火供",向火中投入供物作为供养的一种祭法,是密教一般修法中的重要行事)等非日常的宗教性活动,在能对身心产生特殊影响的期许下,迥然区别于酒店民宿。日本全国目前可以提供住宿的寺院大约有三百家,少数神社也可以住宿,亦被称为"宿坊",以三重县的伊势神宫最为著名。对于很多外国人尤其是欧美的访日游客来说,远看摆拍寺院和神社的外观远远不能满足好奇心,深入内部的体验型住宿有着极大的魅力。根据日本观光厅的统计,入住寺院和神社的外国人要多于日本人。

无独有偶,2018年6月15日开始正式实施《住宅宿泊事业法》(又称"民泊新法"),解除了实行七十余年的《旅馆业法》的规制,没有取得旅馆业许可而出租个人住宅或房屋的"民泊"(民宿)只要登记就可依新规合法经营。与此同时,东京海上日动火灾保险等公司专门推出了相应的保险,以减轻寺院、神社对开设宿坊可能导致的建筑物甚至文物遭到破坏的担忧。

政府与商界的这些举措被佛教界认为将很好地促进寺院经营宿坊产业。一则这是鼓励原本没有住宿设施的寺院开发其闲置空间,在檀家逐减、葬祭仪式趋简的少子化时代,以新的经济模式谋求自力更生,同时旅行住宿的名义更容易让年轻人走进寺院,有利于传统佛教文化的弘传;二则某种程度上帮助缓解因访日游客激增而导致的酒店接待能力不足等社会问题——全日本现有约七万座佛寺(包括无住持的空寺),比随处可见的便利店还多两万余家,其中除了不少山岳、田舍寺院外,也有很多坐落在东京、京都、大阪等大城市中心最佳地理位置的都市寺院,一旦提供住宿,便利的交通条件甚至可能会成为商旅人士的选择,更不用说对日本特有文化充满探索欲望的外国游客。

大石隆淳认为开发寺院的住宿功能"是要在新的时代有所作为,可以把先人守卫了千年的包括建筑在内的仁和寺文化再传承一二百年"。而且，松林庵的盈利收入将主要用于寺内"文化财"的保存与修复，这样或许有人会把"一泊百万"看成布施僧家、保护文物的多重善行义举。

除了传统寺院在"民泊新法"的刺激下可能催生出更多的宿坊外，精明而敏锐的商人早已捷足先登，做起了"宿坊酒店"(Tample Hotel)的生意。一家名为"和空"的有限公司2015年在大阪注册，致力于宿坊的开发、设计、施工、运营等，且于2017年4月在大阪天王寺区开设了第一家宿坊酒店"和空·下寺町"。这幢由日本最大的住宅建筑商"积水房屋"设计并施工完成的三层崭新楼房，外观并不是传统的日式寺院形制，但内饰颇具禅风密意，其最新颖之处是不同于一般酒店、旅馆提供的睡衣或浴衣，在这里可以身穿"作务衣"（僧侣日常劳作时穿着的衣服）、脚踏木屐样的拖鞋，在错落有致地排列着八十多座寺院的街道散步，随便串个门就可能走进一座名门古刹，顺便发现若干名人墓碑。此外，在奈良法隆寺和东京成田山新胜寺的参道附近，同样的"和空"宿坊酒店也在紧锣密鼓的建设中。

"和空·下寺町"开业一年多来人气颇旺，入选了"乐天""ALL ABOUT"等各种排行榜，广告语之一便是"在寺院街体验深层文化的同时入住设施最新的酒店"。显然，这一宿坊酒店虽然位于罕见的寺院群，写经、坐禅等一般的体验活动也可以在酒店内的榻榻米多功能餐厅进行，然而它并不是某寺境内或所属之物，也不由僧侣经营管理，早课、护摩行等对场地和专业技能要求较高的佛事活动则需要客人移步至邻近的爱染堂等有合作关系的寺院。

在民宿市场萎靡不振、酒店旅馆竞争激烈的情况下,"宿坊酒店"别出心裁,以幻化的宗教氛围与特殊的体验服务吸引顾客,其连锁的现代经营模式兼顾易于管理和品质保证,同时也给合作寺院带去可观盈利并大大降低其自行运营宿坊的成本与风险,将来很有可能成为"留宿佛寺"这一源自山岳寺院的日本佛教传统特色的新模式,甚至有望成为旅游酒店业的新领域。

然而,"宿坊酒店"也可能将是日本佛教彻底世俗化后逐渐消亡于社会的一个信号甚至标志——如果盖一座房子,里面可以提供专业而舒适的佛系吃、穿、住、用、行,那还要和尚做什么?创山建寺是否可以如开一间民宿旅馆般自由而任性?

诚然,几百年前日本和尚就开始世俗化、职业化,寺院的墓地等经营事业原本就在很大程度上无异于企业,交给专业的酒店经营者去打理宿坊这一亦旧亦新的产业,或许能让寺院再度迎来"财务自由"的时代,僧侣则可以更加专注地修行佛事。

"宿坊酒店"合法合理,"一泊百万"也不是噱头,日本佛教应对现代社会的"法门"早已超出了大小经典的预设,是"末法"还是"创新"?只是希望这次不要赢了经济而输了本尊。

袈裟搭在西服外：
穿在身上的净土真宗

一、由唐僧的"锦斓袈裟"想到

常言道"佛要金装，人要衣装"，唯独介于佛陀与俗人之间的僧侣似乎不能以华服修身，因为释迦牟尼在世时就规定弟子们须穿"粪扫衣"以远离贪爱执着、增长出离菩提心。

在中国和日本影响最大的《四分律》中列有十种粪扫衣：牛嚼衣、鼠啮衣、火烧衣、月水衣、产妇衣、神庙衣、冢间衣、求愿衣、受王职衣、往还衣。其中，月水衣指被经血污染之布；神庙衣是供养在神殿庙宇被"鸟衔风吹离散者"（《大正藏》第22册，第850页上）；求愿衣是祭祀祈祷时被施与了咒术的衣物；受王职衣又称"立王衣"，为古印度新王登基灌顶仪式上使用的特殊衣服，如包裹胎儿的子宫羊膜，除祭祀官以外的人不可接触；往还衣指送殡时覆盖尸体或棺木之布。这十种污秽被弃或带咒术力的布块洗净后"应染作袈裟色"（《大正藏》第22册，第850页下）并缝合成一块大长方形，才能成为僧侣们裹身护体用的如法之衣。

所谓"袈裟色"原本指一种棕红偏暗的颜色，是崇尚白色的古印度婆罗门、刹帝利等高种姓厌嫌的不纯之色。"袈裟"为梵语 kāṣāya 的音译,这种颜色同时又被用来指称佛教徒所穿的区别于俗人外道的僧团制服。但佛灭后不久,自立门户的弟子们就开始以本派的特长来命名僧服的颜色,并以此相互区别,如"摩诃僧祇部,勤学众经宣讲真义,以处本居中,应着黄衣""昙无屈多迦部,通达理味开导利益,表发殊胜,应着赤衣""萨婆多部,博通敏达以导法化,应着皂衣"(《舍利弗问经》,《大正藏》第 24 册,第 900 页下)。

现在很多人听到"袈裟"一词首先联想到的画面大概是和尚们在明黄色的"海青袍"外披着一块"金边格子大红布"的样子,经典版本是《西游记》中如来佛祖命观音菩萨赠予唐三藏的"锦斓袈裟"。1986 版电视剧中那件闪耀着七宝光芒、水火不侵的宝物,虽不见唐僧用来护身降魔,但在接受国王通关文牒、拜塔礼佛等重要场合总要穿出来走秀一番,其华美奢艳之极顿时让各种龙袍黯然失色。

"锦斓袈裟"可以说是佛陀的姨母波阇波提亲手编织的"新金缕黄色衣"(《中阿含·心品瞿昙弥经第九》,《大正藏》第 1 册,第 721 页下)的山寨版,更直接的出处则可能是唐僧原型人物玄奘大师口述的《大唐西域记》中"姨母所献金缕袈裟,慈氏成佛留以传付"(《卷第九摩伽陀国下》,《大正藏》第 51 册,第 919 页下)的记载。只是姨母所献原本乃用细软金丝织布而成的黄色袈裟,传到汉地却衍变成了红布镶金边,节约金丝用料恐非本意,只不知是否与"红配黄"这种历史悠久的审美传统有关。

从杂色布块缝合成裹身用的长方形发展到披在大袍外以表

正统的金缕衣,乃至近代太虚大师(1890—1947)设计的日常小褂,佛陀于印度制定的穿衣戒律一直在不断地适应汉地南北方迥异的自然环境与社会习俗。以袈裟为中心的僧侣衣装的变化可以说是"佛教中国化"进程中的一个缩影,而类似的更迭同样也是"佛教日本化"的一个有趣看点。

二、挂在脖子上、搭在西服外的日式袈裟

初到东京,偶见西装革履人士在衣领处披挂着一条窄窄的绶带状精致"围脖",误以为是领带类饰物的潮流戴法,后来才知道这是近现代日本佛教界非常流行的一种袈裟!还有一种独特的袈裟像一只扁扁的布袋子,较常见的是在车站广场,挂于低头伫立着的托钵僧胸前,猜测是装化缘所得钱物之用,风一吹左右摇摆者是没化到钱的空空如也状。

挂在脖子上、搭在西服外的一条条环带状绸缎,远看似乎只有颜色和长短的区别,实际上各大宗派都有自己的个性化设计,让人一眼可辨所属。简约者多在单色锦上刺绣精致的寺纹或宗纹,繁复华丽者可以把代表本派信仰的咒语、梵字、经文、寺名等图案铺满整条缎带。近年来一些法衣佛具店开始提供纹绣家徽的定制服务,虽然遭到不少佛教界保守人士的鄙夷,但并不妨碍时尚的檀家信徒以欢喜之心穿戴专属自家的袈裟,一如绣有家徽的和服,是家族历史与地位的象征,可以荣耀地传给子孙后代。以后也许还会出现绣饰卡通图案的袈裟,就像不少寺院已经出售了多年的带有"Hello Kitty"和"哆啦A梦"形象的护身符(御守),深受孩子们的喜爱。

事实上，这种可与带纹样的名牌领带一比材质、做工与高价的环带是日本民众进寺礼佛或参加法会的庄重正装，用来标识自己的佛教信仰与所属宗派，同时展现一定的佛门威仪。在江户时代，一些要求严格的寺院会在门口贴一张纸，上书"无念珠与袈裟者，不得入寺参拜"之类的话。要求普通檀家信徒穿着的袈裟就是各种大同小异的带状织锦，多称"半袈裟"，净土真宗名之"门徒式章"或"略肩衣"。天台宗和真言宗有时还会在制作时缝入密教修行本尊的"种子（字）"，故又称为"种子袈裟"或"咒字袈裟"。刺绣着"南无大师遍照金刚、四国八十八所巡拜"字纹的种子袈裟是"四国遍路"等朝圣者的必备品。有些寺院常在大型庆典活动后回赠重要信徒"纪念略袈裟"，往往是比念珠更具象征意义的重要信物。

与此同时，职业僧侣也在很多正式场合佩戴这类简易袈裟，但比信徒用物更考究，名称也不相同，主要有"轮袈裟""折五条"等种类，颜色和形状都按宗派各别，样式繁多。然其原理一如，都是喻指把一件"五条袈裟"（约长 140 厘米、宽 50 厘米的长方形布）折叠成宽约 6 厘米的带状，再缝合成闭口之环或用纽带联结开口处，当作"五条袈裟"的替代品来使用。实际上，真正的"五条袈裟"并不能折叠出这样的效果，而现在的"轮袈裟"等简化物几乎完全废弃了原本的模子，仅用绢布、金襕等织物做成环状挂在脖子上。

当然，在比较重要的节日法会或者丧礼葬仪上，僧侣们还都穿着更加正式的、真正彰显佛门威仪的、未被缩小的正常"五条袈裟"（位高者穿"七条""九条"乃至更多），而且按照不同的宗谱传承搭在直裰或者素绢、黑衣等传统裙袍衣服外。小巧的"轮袈裟""折五条"一般只能搭在改良衣（如日莲宗的"道服"、净土真宗本愿寺派的"布袍"）或者西式礼服外，适合平日的寺院法事或者一般性的集会场合。参加学术会议等非宗教性活动，但又想显示自己的僧侣身份时，挂脖环带状的简易袈裟搭配西服是最适宜的装束。

三、是"违法"还是"万变不离其宗"？

笼统地讲日本的"僧服"或者"（佛）法服"指的不仅是袈裟，还包括褊衫、裙子以及由中国的直裰发展而来的作务衣等僧侣穿戴的所有物品。看似唐风汉韵十足，实则如大量传自古代中国的器物与礼制，早已创新多于守旧、小异胜于大同。以袈裟为中心的佛教服饰研究既是一种专门的学问又需要大量实践经验，典范之作当数井筒雅风（1917—1996）的两本巨著《袈裟史》（文化时报社，1965）和《法衣史》（雄山阁，1974）。著名的中国佛教学者、时任京都国立博物馆馆长的塚本善隆（1898—1980）为《袈裟史》撰写了序文，大赞这一出自"实业家"手笔的研究专著。

井筒雅风是创始于1705年的京都井筒法衣店的第八代掌门人，使用了大量家传自江户时代的资料，融文献考辨和实物考证于一体。其后日本的僧服研究大多只是在两书的基础上，从佛教学、服饰学、历史学、民俗学、美术学等不同的领域进行一定补充。至于近年流行的实用穿法，如变化繁多用途最广的简易袈裟、加入时尚元素的纹徽刺绣等，则可以在相应的宗派寺院或者专门的法衣佛具店了解到，而后者从江户时代就开始职业化、专门化地进行设计制作,往往更加精通各宗派内在的规制与细节。

另据《袈裟史》的考证,天台宗和真言宗的僧侣在修密法时偶尔会把"九条袈裟"折叠起来使用。受此启发,一些和尚在翻山越岭时就把宽大的"五条袈裟"折叠起来挂在脖子上,以方便徒步。这一做法在室町时代晚期得到了天台宗三千院门迹梶井宫的许可,即获得皇室特别批准后,逐渐作为合法的正规品在本宗内部使用。天台宗至今仍把这种折叠起来挂在脖子上的袈裟称为"梶井袈裟"。约 17 至 18 世纪,这一便捷的特殊袈裟风靡了佛门各派,发展出"轮袈裟""叠袈裟"等多种不同的形制和名称,并从僧侣专属扩展到了僧俗通用。

另一种平常街头可见的袈裟——"扁扁的布袋子"——称为"络子",又叫"挂子""挂络",最早可上溯至武则天时期。重视劳作的中国禅宗认为大长方形的"五条袈裟"活动起来碍手碍脚,就把大布从两肩搭到胸前,后来再缩小成了类似现在的"布袋子样"或者"围裙样"。镰仓时期的临济宗和曹洞宗开始把这当作日常袈裟使用,如今已是日本禅宗最重要的特色装扮之一。然而中国禅僧却早已不搭"络子",只留《景德传灯录》(卷五十一)的一处记载:"后谒万岁塔谭空禅师落发,不披袈裟不受具戒,唯以杂彩为挂子。"(《大正藏》第 52 册,第 287 页上)这句话被当作"挂子"这种简易袈裟曾在中国流行的重要依据(井筒雅风指出"杂彩"即杂碎衣,也就是五条袈裟)。日本净土宗系的僧侣常搭称为"威仪细"的袈裟,与"络子"形似,差别只在于比禅宗少了一个"环佩"——相当于汉传袈裟上如意形的衣钩或衣环。

如果说"轮袈裟"等便携式袈裟仅保留了"袈裟"一名,那么"络子"甚至连袈裟的名义都舍弃了。古来渐次流行的各种简化袈裟已然丧失了佛陀设计僧团制服时提出的两个要素——"田相"的形状与不纯的坏色。然而佛制袈裟的初衷似乎仍然得到了延续,让萍沙王这样的信徒从远处就能根据穿着打扮准确地辨认出佛教徒,不至于认错了弟子拜错了师(《十诵律》,《大正藏》第23册,第194页下)。所以,不管是"折五条""半袈裟"还是"威仪细",万变不离其宗的是表显信仰与身份的、使命式的象征功能。

日本另有称为"福田会"(袈裟又称"福田衣")的民间团体,认为僧侣身披锦绣华美的袈裟或者简略挂脖之物都是"违法"(违背佛陀教法)的,故倡导依据释迦牟尼最初的教谕来缝制"粪扫衣",而不是去法衣店购买充满宗派个性的现代设计之物。然而《四分律》等古代典籍中所说的污秽破布几乎绝迹,一般只能用自家的旧衣服料缝合出田地的畦畔状。于檀信徒来说,亲手缝制一件袈裟供养僧侣是最直接而虔诚的"种福田",可获得"大福报"。

也有人反对这种略带"原教旨主义"色彩的刻意做法。理由之一是,袈裟于印度原本是穿在身上御寒隔热且遮羞的日常必需品,佛教传入中国和日本时,民众已经有了自己传统的夏衣冬装,且热带服饰并不适合汉地与东瀛的风土人情。印度的袈裟从一开始被模仿就不是"穿"在身上,而是"披"或"搭"在原有衣服之外,起到装饰性和标识性的作用,是佛教徒最重要的外观之一,彰显"三千威仪、八万细行"的相好庄严。因此,袈裟的简略便携化与复杂华丽化一样,都是丧失实用功能后的必然趋势。甚至繁简之别恰巧可以体现内心信仰的辩证能力与价值取向。

四、亲鸾的墨袈裟佩白威仪

上述争论显然丝毫不会影响日本佛教的戒律风向与审美时尚。"肉食妻带"后的社会早已习惯了勇于破旧立新的职业僧侣,能被大众津津乐道或受教界、学界关注的往往只有开宗祖师的特立独行与微言大义,而非普通人的口舌之辩。其中,净土真宗初祖亲鸾(1173—1263)的画像、传说与述记最耐人寻味。

京都西本愿寺收藏的著名国宝"安城御影"(法眼朝元作于1255年,后代的多幅临摹本亦作为珍贵文物收藏于真宗各大寺院)被认为是生前描绘的肖像,忠实地表现了祖师八十三岁时的法相。这幅绢本着色画中的亲鸾身搭墨色"五条袈裟",左肩到胸有一根长长的白色"威仪"(绪,纽带)非常醒目。井筒雅风认为,这一法衣画风与亲鸾的"六角梦想"有关:

> 其中白衲袈裟之文,显示相对袈裟注重坏色思想之余还表达了对纯白观念的重视,墨袈裟上用白威仪可能与此有关。与禅一起传来日本的宋代白衣观音之形象与颜色确是作为俗衣的白色,或许想表示与俗人更近一层吧。(《袈裟史》,第160页)

"六角梦想"可以说是日本佛教世俗化过程中最重要的一个场景,因为出家僧自此打破了对"淫戒"的执念。1201年,二十九岁的亲鸾离开比叡山,绕道至京都六角堂,礼拜圣德太子并闭关百日。某天(一说第九十五天)凌晨,亲鸾在半梦半醒间看见六角堂的本尊如意轮观音化现为颜容端严、身着白衲袈裟、端坐于大白莲花上的圣僧,对自己说:"行者宿报设女犯,我成玉女身被犯,一生之间能庄严,临终引导生极乐。"偈语的意思是,身为修行人的你却命中注定要破色戒,那我就化身为玉女被你侵犯,以此来庄严成就你的一生,临死时将引导你往生极乐世界。亲鸾醒来大悟,如果只有持戒不女犯的僧侣才能成佛的话,夫妇民众将如何摆脱永世轮回的痛苦,佛法岂能只为一小部分和尚所用?接下来的故事可用一句话概括,亲鸾创立了净土真宗,成为明治维新前唯一许可僧人娶妻生子的佛教宗派。

  记载这一事件的《亲鸾梦记》《亲鸾传绘》等文献中的如意轮观音化现的圣僧都身着"白"这一显然违背佛教戒律的衲袈裟。释迦牟尼当年设计僧人专用制服的一个目的就是为了与穿白衣的俗人外道相区别,因此历来袈裟不可用白色,僧侣不可穿白衣。井筒雅风指出"白衲袈裟"可能受到了中国宋代出现的白衣观音形象的影响。但问题是,日本佛教史上产生过多种"白袈裟",且素绢等纯白衣裳穿在袈裟下作为搭配色一直颇受僧俗两众的喜爱,这更可能源自本土神道教崇尚纯白的古风民俗,与中国传入关系不大。

  另一层意思在井筒雅风的解读里显得较为隐晦,如果结合亲鸾及其弟子们的撰述,则应当强调"白威仪"在墨袈裟上的深远用意。

  亲鸾的代表作《教行信证》中有不少关于袈裟的经证,转引自天台宗初祖最澄（766/767—822）的《末法灯明记》（一说是假托最澄之名的疑伪书，实际应成书于12世纪），如意引了《摩诃摩耶经》："依《大术经》……千二百年诸僧尼等俱有子息，千三百年袈裟变白。"（《大正藏》第12册，第1013页下）坏色的袈裟变成白色是比僧尼生子更恶一层的末法之相。

净土真宗第三代宗主、亲鸾的曾外孙觉如上人（1271—1351）在《改邪钞》中也援引了《末法灯明记》的话，强调与末法时代相应的袈裟应为白色，僧侣不再披搭出家人原本的染色，而穿着与在家者无异的白衣。从平安时代开始至镰仓初年已渗透进各宗派甚至全社会的末法乱象思想，让僧俗两界普遍感到信仰危机，由此兴起了诸种为克服末法而救世的新佛教思想，净土真宗就是其中应运而生的一派。

由此看来，"六角梦想"中被后世真宗称为"救世观音"的菩萨、化现的圣僧以及亲鸾本人，三者应被理解为相互映现、三位一体的"非僧非俗、既僧亦俗"的关系，代表着一个符合各方诉求的完美的末法时代之救世者形象。如江户后期的真宗僧侣易行院法海（1768—1834）在《御传钞讲义》（明治32年本，第144页）中写道："圣僧之形非俗也，白衲袈裟在家相示非僧相，此即吾祖剃发染衣非俗、肉食妻带非僧。"

再看"安城御影"，寿像中的亲鸾虽然身披如法的墨袈裟彰显着"非俗"的身份，但醒目的白威仪很可能是对自己破戒后"非僧"的刻意标记，一如白衣观音非僧非俗之示现，应是亲鸾染于末法以拯救世人之思想的细巧反映。亦可看作祖师对后世的昭告——袈裟是佛心（性）的象征，即使无戒名字、蓄妻挟子的比丘只要受持袈裟,就是佛种不断的僧宝。墨袈裟上的白威仪之瑕并不掩瑜,反倒成就了一种新的宗派。

末了,想起一个不相干的故事。曾听王尧先生讲,1978年6月以后十世班禅额尔德尼再也没有搭过袈裟,就连主持大昭寺法会时都只是穿着略显释迦王子气的贵族衣裳。

"帅和尚"靠什么赚钱？

光圆双膝跪坐，轻轻取下盖在遗体脸上的白布，双手合十，低头一礼拜，右手拿起浸泡在清水碗里的新鲜樒叶（樒：也称"日本莽草""佛前草"，日本佛教法事活动中常用，清香，有毒，一般栽种在寺院。传说弘法大师用其代替青莲花修密法，遂产生了"樒"字），拂拭微闭的嘴唇，"甘露"自齿间润入全身。随后捻动海唐松念珠，开始口诵"枕经"（顾名思义是枕头边的佛经，一般是灵前守夜或入殓时由僧侣念诵，根据宗派不同主要有《般若心经》《阿弥陀经》等，源自释迦牟尼圆寂前对弟子们最后说法的形式，但中国佛教传统中没有"枕经"一说）……这是日本2015年10月公映的佛教题材电影《我是和尚》（ボクは坊さん）里男主角真言宗住持白方光圆（伊藤淳史饰）为刚去世的檀家信徒举行丧礼时的一幕特写镜头。

山下智久和石原里美的粉丝也许会记得，日剧《恋上我的帅和尚》（私に恋したお坊さん）也是在葬仪上拉开序幕的：石原扮演的润子一家参加故友的"头七法会"，不习惯长时间跪坐的润子起身上香时打翻了香炉，由此开启了与山下扮演的"帅和尚"星川之间的一系列故事。该剧凭借山下和石原的超高人气，前两集收视率颇高，但随着"少女漫画"老套情节的展开，观众纷纷弃俊男美女而换台，以至剧终时差评如潮。

在中国，剧名中的"恋"与"和尚"，似乎比男女主角的颜值更引人注目。自该剧开播以来，国内各大媒体纷纷推出了不同程度的普及文，似在急于介绍为什么日本和尚可以蓄发、娶妻、生子，揭秘所谓"幸福生活"。然而，"恋"与"和尚"的组合在日本完全不成为话题——明治时代以来的"肉食妻带"早已成为习俗——反倒是星川的另一个噱头"富"，在该剧播出第二集后就引起了不少和尚的抗议："富和尚"误导观众，因为绝大部分僧侣的收入仅为一般工薪水平，乡村小寺院的和尚甚至难以维系日常开销而不得不外出兼职打工。

富也好，穷也罢，问题都是日本和尚的钱从哪里来？"帅和尚"给人的印象似乎是寺院自己会"生"钱，没见星川干活却能拥有私人飞机？只是镜头里的一桥寺似乎从未出现过成群结队的游客，这是因为日本的绝大多数寺院都不是旅游观光景区，不卖门票。那"功德箱"呢？当然有，一般主殿主佛前设置一个。然而，日本人习惯往功德箱里放"伍日元"（约合三角人民币），理由是日语"伍元"与"御缘"谐音，在佛前布施"伍元"即象征了与佛结下善缘，可以给自己许一个美好的愿望。如果零钱包里恰巧没有"伍元"硬币，大多人则会以十或五十元硬币代替，极少投入千元纸币，即使在新年祈愿时也不会"一掷万元"（约合六百元人民币）。所以，功德箱也成不了"印钞机"。

山下的粉丝可能会注意到，星川除了跟踪追求润子外，最主要的日常活动就是"法事"。在帮润子奶奶做逝世二十周年"追思法会"前，星川特意翻看了奶奶生前的所有录像资料，并向邻里多方打听其爱好与习惯，最终呈现给润子一家一场极其感动难忘的法会。可以说，"法事法会"是贯穿这部潮流日剧的最重要的佛教因素——不是星川那几身帅气的袈裟！对于不熟悉日本佛教现状的国人来说，这其实是一个隐藏看点，因为如此背景恰恰真实而不留痕迹地呈现了现代日本人，尤其是这部肥皂剧的主要观众群（年轻人）对自己民族国家的传统佛教文化的认识与理解。

什么是佛教？和尚做什么？

这两个问题正是电影《我是和尚》直面探讨的涉及佛教信仰与僧侣前途的根本问题。光圆的"青梅竹马"京子（山本美月饰）在得知光圆要接任住持时问他："成为和尚后做什么？"

光圆虽然从小生长在寺院家庭，且本科就读于真言宗高野山大学——"世界上唯一的密教学科"，考取了"阿闍黎"从业资格证书，但由于一直没下决心成为和尚，大学毕业后进了一家书店当营业员。直到二十四岁的某一天，身为住持的祖父突然去世，没有兄弟姐妹、父亲是入赘进寺院的光圆，面临着要么接任住持、要么把"家"——荣福寺——出让给他人的选择。

剃光头发、改成僧名的光圆回答京子说："人们只知道寺院办丧礼，但和尚的工作不仅仅是法事。""那还做什么？"京子接着问。"比如，每日早晚功课念经、修整佛像与庭院、设计新的护身符和念珠、准备祈愿法会、出席佛教协会与灵场协会的研讨……"虽然光圆举出了很多具体的事务内容，但在京子看来，和尚的所有工作都围绕着葬仪法事。最后光圆不得不调侃说："婚礼也可以！"后来，京子果然选择了自家所属的荣福寺为婚礼现场，并请光圆为其主持了真言宗的"佛前式"婚礼——以念珠代替戒指、以诵经代替誓言——日本佛教的结婚仪式同样庄严肃穆。然而，事实上，近年来很少有人愿意去寺院举办传统婚礼，原因之一是众"墓"睽睽之下有违喜气。

"二战"之后，随着和尚对丧礼葬仪的不断重视、对墓地买卖与维护的经济依赖、对牌位祭祀等法事活动的用心经营等等，日本民众揶揄其为"葬式佛教"，普遍称呼寺院为"陵园"，暗指佛教过度关心逝者以谋取钱财而于生者无益。随着社会的城市化、现代化与少子化，很多日本人只在参加亲友的告别仪式、追思法会与节日祭扫时才会真正走进寺院、接触和尚。越来越多的年轻人甚至不再觉得"死生事大"，认为支付给寺院高额的丧葬费是浪费钱财（据统计，全国平均一场丧礼需六十万日元，约合三万元人民币），简约的"直葬"（没有守夜和丧礼，直接火化）已然成了一种新的时尚，东京都内每年近百分之三十的人由于收入低下、家庭孤寡等原因（不得不）选择"直葬"。

日本和尚大多抗拒"葬式佛教"的称呼，认为这种说法过分强调了寺院依靠丧葬仪礼来赚钱，抹杀了佛教之于生命和日常生活的重要意义。但如《恋上我的帅和尚》每一集都以法事法会为叙事背景，星川奶奶更视檀家为"佛祖"（一如"顾客就是上帝"），规制严格，侍奉殷勤，这些场景透露的"帅和尚"的主要工作内容与赚钱方式，其实是当代日本佛教的真实写照。而《我是和尚》则意图站在僧侣的立场，于这种社会质疑之内外，探讨佛教对现代人和社会的作用与意义。光圆与同为和尚的高野山大学同学认真地讨论:"寺院丧礼还能维持多久?没有了丧葬仪礼的话,和尚干什么去?"

尽管被揶揄甚至被批判,对于以佛教为传统信仰的日本人来说,"葬式佛教"除了可以从形式上庄严地告别逝者、安心地抚慰生者之外,更有着不可替代的宗教意义。日本佛教各大宗派多奉行"(死后)授戒成佛"的教义,《我是和尚》的特写镜头中出现的樒叶、清水、枕经都有着特殊的象征意涵,仪式的最后一道程序则是授予逝者以"戒名"(又称"法号",是成为正式的佛弟子的名称与象征。原本是生者发心向佛、受戒时获得的名字,由于死后成佛思想的影响,近现代日本盛行给亡人授戒,很多寺院还可以根据支付的金额授予不同等级的戒名,如居士、大姊、院号等),使其正式成为佛弟子,从而走向解脱,不再落入地狱轮回。净土真宗因为在教义上主张"无戒",所以丧礼没有授戒一环,而是僧侣祈愿亡人在阿弥陀佛和宗祖亲鸾的加持护佑下往生西方极乐世界。

光圆自小就抵触散发着铜臭味、形式化、世俗化的"葬式佛教"一词,直到第一次独自面对遗体和家属、唱诵《心经》的时候,才领悟到"和尚的存在是必要的!"——由庄严的仪式连接生与死,职业化的"葬式佛教"并不是一次性的"买卖",而是通过礼制把信仰具象化,赋予抽象的情感与能量以实际操作性,以此于可见的现世承续不可见的理想与信念,长久地利益人生。

从檀林到大学

东京有很多佛教寺院,用"三步一大寺,两步一小庙"来形容都不为过,其中不少是游客必访的名门宝刹,如上野雷门与浅草寺,但挂有"檀林"牌匾的寺院并不多见。要不是搬到了吉祥寺的旁边,我大概不会细思檀林之于日本佛教的重要意义。

吉祥寺坐落在文京区,是这个"文化之都"的最大寺院,与大文豪夏目漱石(1867—1916)的"猫之家"、森鸥外(1862—1922)的"观潮楼"一起,正好构成一条绝佳的日常散步路线。它距离东京大学本乡校区也不过两公里,曾经长期给"帝大"佛教专业学生提供免费住宿,学生只须每日清晨在院内扫地半小时。可惜泡沫经济过后,寺院不再殷实如前,无法继续提供资助,学生们也失去了当"扫地僧"、体验生活禅的机会。

寺门口竖着一块大理石碑,正面上书"諏访吉祥寺",石碑的光鲜与旁边的古旧木门很不相称,似乎只有传统形制的厚重山门,才能让人感觉到此曹洞宗大寺的历史与灵气。山门后是一条长长的参访道,两边种满垂樱。四月初樱花盛开之际,眼睛会被要满溢出门框的粉嫩樱花直直勾去,根本不会注意到古朴的门楣上用白漆书写着"旃檀林"三个大字。即使在其他季节,若不刻意抬头仰望,恐也不易见着匾额,因为大多数人都想径直眺望那座安住于主殿的阿弥陀佛像。

"旃檀林"并不是吉祥寺的别名,而是宣告着这座寺院的特殊身份与传统。一如门口的标牌所示,吉祥寺乃驹泽大学前身,最盛期曾有千余人在此学习内典(佛学)与外教(汉学),是与当时的江户幕府"昌平坂学问所"齐名的汉学研究中心。遗憾的是,这座位于市中心的"七堂伽蓝"在1945年"东京大空袭"中烧毁殆尽,只留下大门和若干藏经。现在能见到的本堂、客殿、僧舍等等都是后来新建的,且寺内大部分土地早已改建成了"陵园"——日本近现代佛教特别重视檀家信徒的身后事,从丧葬仪礼到永代供养等一系列法事,早已成为寺院佛教的重要经济来源。事实上,日本的观光型寺院极少,不管是隐身于闹市的独门院落,还是安居在山林的大宅殿塔,绝大部分寺院的主要功能都是为檀家信徒安魂超度、祭祀守陵。

有意思的是,吉祥寺的"旃檀林"三个大字乃由中国僧人陈道荣(生卒年不详)题写。1657年,陈道荣远渡东瀛传法,参访至当时已是禅宗著名学林的吉祥寺时,看到禅门之威仪整然、学僧之如法行持,惊叹于日本僧人实参实究的严谨姿态和求道问学的高超水准,于是借用了永嘉玄觉禅师(665—712)《证道歌》中的名句"旃檀林,无杂树,郁密森沉狮子住"(《大正藏》第48册,第396页中)中的"旃檀林"一词,敬书以随喜赞叹之。这一称号被曹洞宗人视为赞美其"修证一等、行学一如"之禅精神的妙语,沿用至今,甚至写进了驹泽大学的校歌。

"旃檀林"的本意是旃檀之树林，常简称"檀林"。最早的用例出现在西晋法炬（生卒年不详）译《法海经》："此如来之座，贤圣之会，度世者之聚，清净道德者之所集处，此座犹如旃檀之林。"（《大正藏》第 34 册，第 818 页中）用旃檀清净之意，喻指佛陀及其弟子的安住传法之所，后引申为寺院或僧众结集之地。又如《大唐西域记》用"擢秀檀林"（《大正藏》第 51 册，第 868 页中）一语形容玄奘法师之出类拔萃于僧界。

陈道荣所书"旃檀林"是否为日本檀林用语的最初由来，目前已不可考。一种说法认为，日本最古老的檀林是嵯峨天皇之皇后橘嘉智子在洛西嵯峨创建的檀林寺，即弘仁十四年（823）迎请唐僧义空（生卒年不详）为檀林寺开基，构筑十二院，为禅修道场。此寺虽名"檀林"，但与后世以培养僧才为目的的教育机构有所不同，故不应作为日本檀林制度之端首。

日本佛教，尤其真言宗，另有"谈林"一词（亦写作"谭林"），很多时候被认作"檀林"的同音异写。"谈林"最早出现在镰仓时代之后的南北朝时期（14 世纪），自空海大师（774—835）创教起就聚集了大量僧人的真言密教总本山（高野山）当时兴盛求法论道、教相研究，却因战乱之故，不少学僧变成了僧兵，学问风气逐渐散失。真言宗人于是在其地方附属寺院开设"谈议所"以继续开展长年不断的宗法教学，称为"常法谈林"；又因与高野山之根本道场相对，而被称为"田舍谈林"。

"谈""檀"虽有别，但二者的弘法形式与教育功能几乎完全相同。或许可以妄测如下：陈道荣访日时，佛教界已有不少称为"谈林"或"学林"的僧侣养成机构与宗派问学之所，陈氏借

"谈""檀"谐音之便,用永嘉道歌之妙,变俗字为雅语——借喻僧人累积学功而获大成就,一如旃檀之散发芬芳香气,并矗立如林。"(旃)檀"之名称隽雅、意蕴高远、典出殊胜,很快就取代了原本的"谈"字。而中国佛教的禅宗寺院常被称为"丛林"或"禅林","林"之一字义同,指的都是僧众结集学修的道场,但中国没有出现以僧侣教育为主业的旃檀之林。

日本檀林的学制由各派自由设定,一般以学习本宗教义、传承祖师之法为主,即所谓"宗学"。如净土宗"关东十八檀林"的学制主要是:出家得度后首先须研习"三经一论",年满十五岁方可进入檀林,学习"名目、颂义、选择、小玄义、大玄义、文句、礼赞、论、无部"九种,"无部"不限年数,其他八部修学年限均为三年。这一规范而系统的学修体制很大程度上保证了僧人的较高素养与扎实学问,是日本佛教能够在动荡的社会中长期良好发展的重要保障。

近现代以来的宗派大学或者说"佛教主义"大学,几乎全都由檀林发展而来。镰仓时代,净土宗三祖良忠(1199—1287)在千叶县开创了福冈和饭冈"谈所",至德川时期发展成为著名的"关东十八檀林",即是后来京都佛教大学的前身。又如,东京的立正大学由"饭高檀林"发展而来:1573年日统(生卒年不详)在饭冢首创讲肆,再传弟子日尊(生卒年不详)于1596年在饭高寺开日莲宗之檀林制度。江户时代,各宗纷纷开设本派檀林,"传承祖师教法、培养宗派僧才"的这一理念与制度得到了很好的发展与普及,成为日本佛教的一大重要特征。明治维新以后,随着社会制度和国家法令的变革,各宗派顺应时势,废弃檀林之制,改设新式学校以继续僧侣教育,并逐渐与社会教育接轨并行。

从教学本派宗义的檀林到以研习佛教为主的综合性大学,从单纯的僧侣养成到普世的大众教育,日本佛教的教人事业在几百年间经历的磨炼与变迁,绝非三言两语能够描述。但可以肯定的是,檀林之制为当代日本社会宗教与世俗、信仰、学术的融合发展铺垫了深厚的根基,为其佛学研究"擢秀士林"积累了重要的资粮。与此同时,一个难以避免的问题是,对世俗社会的过度依赖,使得僧才育成、宗法传承等教内事务失去了本有的独立性。2015年6月日本文部科学省发布了裁撤人文学科、减少文科经费的通知,近百所佛教宗派大学与短期专修学校无不忧虑重重:如果政府不再资助私立学校的人文社科研究,那么,各派的宗义教法与学术研究以何维系、何以发展?深谙"不依国主则法事难立"之道的日本佛教界精英已然需要另谋高明,以应对由"少子化"等世俗问题导致的当代佛教发展困境。

日本的地狱教育

2012年,日本NHK电视台制作了一部十四分钟的新闻纪录片,讲述了儿童绘本《地狱》(风涛社)在当年火热大卖的前因后果与社会反响。

《地狱》是一本十六开的彩图画册,只有薄薄的三十二页。原本是千叶县延命寺收藏的十六幅画卷,由江户时期的无名画师于1784年完成。与日本一般的儿童读物相比,用纸和装帧都不算上乘。1980年初版以来,至今卖出了二十多万册。

2011年11月,漫画家东村明子在其育儿漫画《妈妈是个神经质的人》(ママはテンパリスト,集英社)中推荐了这一绘本:"多亏了这本书,我儿子都不捣蛋了。"由此,一时"东京纸贵",《地狱》半年之内卖出十万余册,高居亚马逊图书榜绘本部榜首。原定价一千五百七十五日元(约合八十元人民币)的儿童图画书,最高竟被炒到了一万两千多日元,翻了近八倍。购买这一绘本的主要是年轻妈妈,基本都期待"熊孩子"看完后能变得乖巧、不做坏事。

"地狱"一词对以佛教研究为职业的我来说,是个再熟悉不过的概念。但给孩子讲有关"地狱"的故事,在我看来有点不可接受,至少我会担心五岁的女儿看完血淋淋的图片后半夜做噩梦,更担心孩子产生阴暗心理。同事 Leonard van der Kuijp 教授说:"在欧美,如果父母给孩子看这样的画册,那就是犯罪了。但在鬼文化和妖怪学如此发达的日本,也不算太奇葩吧!"

"地狱"的观念通过佛教由印度传入中国,再随着佛教的传播进入日本。汉文译自梵语 naraka 或 niraya,主要是"坏喜乐""无救济"的意思,一如地下的牢狱。在《阿含经》《俱舍论》《四分律》《法华经》等广为流传的佛教典籍的浸润下,日本和中国一样,民间普遍都有"生前做坏事,死后下地狱"的说法。但这并不是佛教特有的思想,而是印度文明共有的一种信仰,其源头至少可以追溯到最古老的吠陀文献。

《梨俱吠陀》(约前 1700—前 1100)中隐约可见大地深暗处有恶神的说法,也出现了地狱之王"阎魔"(Yama)的原型——第一个由死亡而入天界的凡人,但不是面目可憎的黑暗形象。《阿达婆吠陀》(约前 1500—前 1000)出现了"地狱的世界"(nārakaṃ lokam)一语,并有"口吐白沫、鼻涕横流"等描写。到了"梵书"时期,则明确了"地狱"是由生前恶业引起的死后报应这一因果轮回思想,如《百道梵书》(约前 700—前 300)叙述了"婆利古仙人的地狱之旅"。

后来的印度文献把地狱越描越黑,阎魔从天界的神变成了地界的阎罗王,掌管着各种各样阴森恐怖的地下场所。婆罗门教的《毗湿奴往事书》《摩诃婆罗多》等典籍记载的地狱种类多为七、二十一等奇数,而南传的《经集》、北传的般若类经等佛教文献大多采用八、十六等偶数。从刑法惩戒的残酷程度来看,耆那教最厉,佛教略甚于婆罗门教。

绘本《地狱》主要依据从中国传入的汉译佛经,再融进一些日本的民间信仰,以室町时代的小说为基础,重构了更适合孩子的故事情节,用延命寺的佛教变相图,展示了一个叫"五平"的人死后落入阴曹地府的"历险记":

五平的身体不断下沉,被牛头马面拉进一片黑暗的荒野,尸骨遍地、鸟兽为伍。爬过冰如箭下、死人如树的"死出山";再被扔进满是雷暴、旋涡的"三途川";又让鬼老太"夺衣婆"扒光衣服挂在树上,衣服压弯树枝的程度是称量罪业轻重的标准;最后,在净玻璃镜的照射下,赤裸着全身接受阎罗王的审判。正当阎罗王把五平判到"针地狱"时,地藏菩萨有感于五平曾向佛合掌、救过溺水孩童这两大善业,就向阎罗王求饶,再给五平一次做人的机会。阎罗王同意了菩萨的请求,但提出五平须参访各地狱,还魂后向世人讲述所见所闻,以劝恶从善。

如果说前半本书描绘的"死出山""三途川""夺衣婆"等画面只是较多"少儿不宜"的恐怖元素的话,那么游历地府的绘图则可以说是血淋淋的恐吓了:人被放在各种刑具上,任由恶鬼宰割,或是身首异处、支离破碎,或是毒蛇绕身、满口鲜血。在具体展示的六种地狱中,针对孩子的日常行为,特别加了一些按语:

一、"脍地狱":伤害动物甚至鱼虫的人,被活生生地剁碎后供恶鬼享用。

二、"煮地狱"：说谎、爽约的人，被扔进火锅里煮烂。

三、"烧地狱"：偷东西的人，皮肉都被烈火烧至焦糜。

四、"针地狱"：诬告、谩骂他人者，被尖刀刺穿胸膛。

五、"火车地狱"：不听他人言、妄自尊大者，被放在发火的二轮车上燃烧四肢直至成为灰烬。

六、"龙口地狱"：对他人的好意不知感恩者，被巨龙吞噬咀嚼。

落入这些地狱中的人，须反复经历各种痛苦，直到完全抵消所犯的恶业。

最后出场的是源自日本民间信仰的"赛河原"——夭折孩子的集聚地。五平在这里见到了同村去年溺水而亡的太郎。太郎为了报答父母必须不停地堆石塔，但每当快要堆成的时候，恶鬼就会把石塔推翻。太郎不得不又从头开始堆，周而复始。如果哪一天石塔堆成了，太郎才可以再次投胎人间……

1980年，时任风涛社社长的高桥行雄先生，对当时出现的中小学生自杀和凌虐同学事件深感痛心，策划出版了这一绘本，在书后写道："孩子们啊，不要糟践生命！"他希望借助残忍与恐怖的地狱绘图来促使孩子们思考死亡，对死亡生起惧怕之心，对生命产生敬畏之念。

《朝日新闻》(2012年7月4日)也曾报道《地狱》大卖一事，并评论"至今无人批判绘本太过残忍"，只是有心理学家建议应该给小学三四年级以上的儿童看，给幼儿讲读时需要慎重些。在NHK的镜头里，很多幼儿园和小学低年级的孩子看了绘本后当场吓哭,但更多的孩子在害怕的同时却要求妈妈再讲第二遍、第三遍。恐惧、好奇与刺激,也是成人看《午夜凶铃》时的心理。让妈妈们颇为欣喜的是,读完绘本后,孩子们变听话了,更守规矩了,不再去掐鱼缸里的乌龟了。

绘本《地狱》至今仍是家长们进行"吓唬教育"的首选读物之一,这大概是日本民众对佛教之"人生难得"思想的一种日常实践吧。

葬祭式上的那身黑色礼服

"黑色革制鞋跟高度在三至五厘米之间,鞋面不可有装饰品,甚至连纽带都不行。鞋内底须为纯黑无花纹。黑裙子长度必须超过膝盖。手套和手帕可用纯黑蕾丝。黑珍珠首饰比白珍珠更显庄重。黑色拎包也不可用真皮因为会让人联想到'杀生'……"

除了脸蛋,全身四肢都被裹上了纯正的黑色——不能产生任何反射光的那种质地,唯有微透着肉色的蕾丝散发出寻常的女性气息。手中拖着长长的穗儿的紫檀念珠在这时顿显庄严高贵——"念珠要挂在左手大拇指节上,因为右手要拈香。"

"挺庄重的,就这一套吧!戴上蕾丝半遮面的黑色洋帽似乎更好看呢!"

"一般情况下,不是丧主夫人不能戴帽子。"店员脸上闪过一丝尴尬,"请买稍微大一号,这身衣服少说也要用十年,从三十岁到四十岁体型不会有太大的变化。"

近一个小时专业而详尽的解说让我颇觉受益匪浅。"洋装"的穿法没有"和服"那么复杂,却也处处讲究。日本的"制服文化"体现在葬祭用典上,与其说是一种带有繁文缛节色彩的宗教传统,不如说是追求精致人生与规范社会制度的现代社交礼仪。

当代的葬祭仪式虽有简单化的倾向,但随着社会变迁而来的推陈出新,以至种类依然繁多,比如近年开始流行的"宠物葬"。而其中称为"本葬"的较传统仪式,大概最能体现日本人特殊的葬祭心理与文化。

"本葬"一词无法用现代汉语来"顾名思义"。"本"取自日文"本式",是"正式"的意思。"本葬"是相对于只有家人亲友参加的私密性的"密葬"而言的,是完成"密葬"一两个月后再次举行的、公开的、正式的葬仪。一般由逝者生前所属的公司或团体主导,规模较大,多用于名人。

从逝者的角度来看,丧葬已经由亲人完成,"入土为安"后的第二次葬仪有点荒谬。因此,这种"本葬"实际上是从社会人际交往需求出发而形成的一种宗教形式的、礼仪隆重的"告别"或"追思",与汉字"葬"的本意相去较远,意译为"祭"或许更加合适。

去银座的"三越百货"购买黑色礼服,或曰"丧服",即是为了参加一位德高望重的长者的"本葬"。

一身黑衣出门,自觉异样,却没有在拥挤的地铁内招来任何异样的目光。来到举行"本葬"的东京都内的一座大寺院,在"接待处"递上邀请函与名片,换来一本印刷极精美的"仪式手册",内列了这场葬仪的各个环节,还有逝者的生平介绍与黑白照片。由专人引导至大殿(佛堂),发现原本的榻榻米已经换成了座椅。听到导语"不需要脱鞋正坐(跪着坐)",心里顿觉轻松。

殿内金碧辉煌，巨大佛龛的几扇扉门都已打开，下部摆放着大型白间淡紫色的鲜花丛，中心簇拥着逝者的彩色电子遗像，遮挡了龛内的佛像。"真庄严！"我刚掏出手机，就被身旁的同事A君用手势制止了。后来的整个过程，除了专门的摄影师之外，没有见到任何人拿手机拍照。

仪式按照预定的时间准时开始，由逝者所属的净土真宗派的长老主持。简短的开幕致辞后，十余位盛装的僧侣从前门缓步进入大殿，在遗像前鞠躬后落座两边。随后，"导师"——引导逝者进入"净土世界"的本派上师——进殿，一身金色穿过黑压压的人群，坐到了红色高椅上。佛乐响起，我才注意到鲜花丛下端坐着奏乐的僧侣。"导师"开始用急中带缓的诵经调唱讲逝者的出生、求学、家庭、事业。不少人似乎慢慢进入了打盹状态。

"终于唱完了！"A君睁眼看了我一下，"伟大的人生都有点漫长！"

接下来，公司董事长和逝者长子分别代表葬仪委员会与家属致辞。简短的回顾和谢词里并没有显露出很多哀伤的情绪，也许是因为逝者已达高寿，功德圆满。随后，主持人选读唁电，从发信人的职衔可知逝者的地位与威望，同样是敬意大于伤怀。

又一声清澈的梵钟声响起，僧侣们开始合唱《正信念佛偈》："归命无量寿如来，南无不可思议光……"大家也都纷纷翻开"仪式手册"，照着里面的偈文跟着轻声念唱。合音之浑厚绕梁，提示了仪式高潮的到来。

伴随着循环不断的"佛偈"唱诵，本派宗务长、葬仪委员会会长（董事长）、丧主（长子）、佛教各宗派长老、亲友族人、来宾，近千人分别在主持人的报幕和引导员的指引下,安静有序地走到遗像前,十人一排分别同时"烧香"——先一鞠躬,然后用右手的大拇指、食指、中指合拈一小撮粉末状香(抹香),举至额头示意后放进各自面前的小香炉,一缕白烟上升,合掌、念珠合挂两大拇指,再次鞠躬并默祷。如受过统一训练,每人都在三十秒内完成了这一整套规范动作。董事长和长子站到了大殿拐角处,向"烧香"之后退场的每位客人鞠躬致谢。

走出大殿时,我顺手拿了一小包摆放在门口的"净盐"(御清め塩)。按照日本大多数佛教宗派的习俗,回家进门前往身上撒一下盐,可净化参加葬仪所带来的"污秽"。

"这可是净土真宗,死后往生净土,哪来污秽?何须净盐?!'死秽'的观念在净土真宗看来是对逝者的不敬。现在的葬仪公司真是越来越不懂规矩了⋯⋯"同为净土真宗僧侣的A君显得有点不满,"接下去还有'回向'、导师退堂、诸僧退堂等环节。人太多了,我们不需要再回大殿,出去喝杯咖啡休息一下吧。"

公司和家属代表站列在院子里,向每一位走过的客人鞠躬致谢,并递予每人一袋"回礼",内装"感谢状"和子公司生产的素点心等。

"从没见过如此隆重庄严的葬礼!""听说一个半小时花费四千多万日元呢!""二百五十万元人民币!可以买一套东大旁新开盘的单身公寓了。"⋯⋯

走出寺院,寻了个最近的"喫茶店"。刚一落座,几位同事纷纷解下黑色领带。

"这么着急?"我点了一杯抹茶,"先暖暖身。"

"别让邻座的客人感到不舒服,我们这一群'丧服'有碍观瞻!"A君取出了包里的另一条花色领带,"我一会要直接去办公室。"

"没带胸花或其他饰品吗?男人只要摘下黑领带就看不出是从葬仪场出来的,换上白领带随时可去参加婚礼!女人戴上彩色胸花或者腰饰,丧服就变成了一般的礼服,穿去参加就职仪式或者子女的毕业与开学典礼都没问题,去婚礼也行哦!"

"这……真是方便法门!"

AI 能成佛吗？

在"阿尔法狗"（AlphaGo）出现之前，日本等国的佛教界和科学界就开始讨论"AI"（Artificial Intelligence，人工智能）能否像得道高僧一样理解甚深妙法的问题。"阿尔法狗"击败世界围棋冠军、所向披靡的战绩，则进一步引发了佛教徒对终极问题的遐想：AI能觉悟吗？成佛后的 AI 能否帮助人类"立地成佛"？换句话说，人类能否借助 AI 跳出"轮回苦海"获达"涅槃寂静"？对于非佛教徒来说，这一问题可以置换为：AI 能否帮助人类超越死亡之痛苦、实现永生之幸福？提出这些问题的人显然不满足于"贤二机器僧"暖萌机智的对话聊天，而是期待着将来出现"不二 AI 佛"，把苦难者的娑婆世界改造成解脱者的极乐净土。

2015 年 11 月 30 日至 12 月 3 日，东京光明寺僧侣松本绍圭与东京大学人工智能专家松尾丰等人进行了题为"人工智能会觉悟吗？""你会与人工智能谈恋爱吗？""修行的 AI"等有关人工智能的现状与未来及其与佛教之关联的系列对谈（http://www.sensors.jp/post/salon_ai2.html）。长期浸淫于"铁臂阿童木""哆啦A梦"等科幻动漫文化的日本民众，对于未来之 AI 的想象可能要比其他国家的人更多一份浪漫的善意。

  2017年6月14日,位于京都的净土真宗系龙谷大学主办了第53届龙谷教学会议,以"人是什么?——科学者与佛学者的对话"为题,探讨了人工智能勃兴时代之关乎人与生命的根本问题。而日本佛教学会更是连续两年(2016、2017)以"人是什么?——人之定义的新维度"为年度大会主题,郑重而严肃地讨论传统佛教对"人是什么"的各种界定,以及在现代科学社会如何从佛教的视角重新定义"人"的问题。日本佛教学会就这两届同题大会发表的"旨趣文",可以看作日本佛教界对"人之为人"的一次集体反思:

  佛教如何定义人?这一定义能与今日之科学对话吗?佛教所说的人可以为现代社会与现代人提示什么道理吗?设置这一会议主题是因为我们默然持有的、近代以来的对人的定义产生了动摇。自古以来,宗教领域使用"被造物""魂""罪""理性""我"等等语词来定义人,它形成了各个文化圈之传统"人观念"的基础。但是,这种传统的人观念的诸多问题在近代屡遭谴责。随着作为拥有基本人权之主体的人的定义逐渐成熟,人之中心主义立场在近代迈进了一大步。不使用宗教语义来谈论人,成了西方现代社会的一个主要特征。

  然而,随着全球环境、生命科学、医疗技术等的发展,近现代以来形成的对人的理解范式开始陷入僵局。"生命在多大程度上可被操控?""人与自然是何种关系?""延续寿命的问题""人工智能""克隆人"等等,这些问题都无法很好地用从前的人之定义来解释。(http://nbra.jp/infomation/)

佛教学者本无能力讨论计算机等高度专门领域的技术问题,但自20世纪机器人诞生之初起,哲学理论家就积极参与探讨机器人是否具有情感与人格等,这些问题随之成为科学技术之伦理或道德等领域的主流话题。只不过在"AI时代",这一跨学科的讨论似乎出现了新的可能,且在宗教领域上升到了终极高度——被授记为未来佛的弥勒会以"AI佛"的形式降生于娑婆世界并建立人间净土吗?

在各种佛教传统中,藏传佛教最热衷于探讨AI等新科学尤其是心智科学或脑科学(Mind/Brian Science)与佛教之关系。早在1987年,藏传佛教界就开始了与世界各国著名科学家的对谈,并在第一次会议的基础上成立了"Mind & Life Institute"。至2017年,该研究所共举办了三十二次有关佛教与科学的对谈,据称达赖喇嘛已经和世界上几乎所有知名的脑/神经/心理等领域的科学家有过对话,涉及内容从认知能力、禅修治疗到临终苦乐,凡是与"Mind"(脑、心智)和"Life"(命、生活)有关的最新科技与思想理论,都在这三十年间被反反复复地讨论过。

2017年3月,印度新那烂陀佛教大学(Nava Nalanda Mahavihara)成立了一个新的研究机构——佛教科学系(Department of Buddhist Science),重点是进行佛教与心智/脑科学之交叉研究。新那烂陀佛教大学位于唐僧玄奘(600/602—664)西天取经之目的地、世界上最古老的大学那烂陀寺之遗址北侧不到一公里处，是印度首任总统拉金德拉·普拉沙德（Rajendra Prasad，1884—1963）为了恢复那烂陀寺昔日的辉煌并承继其优秀传统而建的。值得一提的是，玄奘留学前后的那烂陀寺拥有当时的世界一流学科"唯识学"，而"唯识"在当代被认为是与 AI 以及心智/脑科学等最有可能相关的一类佛教理论与修习实践。

在 1992 年结集出版的部分对谈记录 *Gentle Bridges*（Shambhala Publications）一书中，有一段佛教徒与著名生物学家与神经科学家 Francisco Varela、剑桥大学物理学博士 Jeremy Hayward 以及加州大学伯克利分校心理学教授 Eleanor Rosch 的有趣讨论，近年来常被引证为佛教界（尤其是藏传佛教）看待人工智能的一种权威观点：

> 从佛教徒的角度看，很难说电脑（computer）是非生物、是无认知的。某些"生命"的产生以"先在的识相续"（a preceding continuum of consciousness）为基础。实际上"识"并不产生自物质，而"识相续"（a continuum of consciousness）则可被导入……如果一个科学家一生致力于计算机研究，那他来世就有可能转生为电脑，即转世成半人半机之物！如果电脑的物理性获得了可作为"识相续"（a continuum of consciousness）之基础的潜力或能力，瑜伽修行者就有可能把他的"识"导入电脑。关于电脑的这个问题只能通过时间来解决，我们只需拭目以待。

近三十年后的电脑与 AI 的物理性虽然尚未获得可作为"识相续"之基础的潜力或能力,但显然比对谈时的 Computer 要智能得多。人工智能、iPS 细胞、器官移植等科学技术的发展,使得追求同一肉体之永生似乎已不如追求"识"之相续甚至转世来得更有科学意义和现实价值——或许,来生转世成蜜蜂还是今生转世为 AI,将成为佛教徒的某种选择。

所谓"识"可以理解为汉传佛教常说的众生之"情识"——"有情众生"一词重在"识"而非"情感"——亦常被约解为"命"(生命)。佛教对"识"的定义与解析非常繁复,这里可以将根本性的"识"简单理解为"阿赖耶识"(ālaya-vijñāna),大致相当于科学界所说的"深层潜意识"。在"一切众生皆具佛性、皆可成佛"的大乘语境中,"一切众生"被分成了"有情"与"无情"(或"非情")两类,继而出现了"有情成佛"与"无/非情成佛"的分歧:前者说的是具有"情识"之物,如人与猫狗,经过修行可摆脱轮回的束缚达到涅槃成佛的境界;后者指的是不具有"情识"的东西,如草木山川等,亦可得道成佛。

天台宗常被认为是"非情草木成佛说"的代表。依第十七祖知礼(965—1028)的说法:

> 草木无心、但有理性、无行性者,此是权教故。简无情,为起真修,乃须进行方得成佛。缘修乃是无常,即是本无今有义也。欲显真修,须依理性,理非今古,不简色心,一成一切成,故说无情成佛也。([宋]宗晓编《四明尊者教行录》,《大正藏》第 46 册,第 890 页中)

另据天台宗之终极说法,中道佛性遍于法界,不论有情无情皆具佛性,谁不能成佛!?

"赵州古佛"从谂禅师(778—897)曾把佛性问题讲成了著名的迷之公案:

> 一天,某僧问赵州禅师:"狗子还有佛性也无?"师答:"无!"学僧听后不满,说道:"一切众生皆有佛性!狗子为什么却无?"赵州解释:"为伊有业识在!"后又有学僧问赵州禅师:"狗子还有佛性也无?"师答:"有!"学僧反问:"既有佛性,为什么还要撞入狗身这个臭皮囊袋子呢?"赵州道:"因为它明知故犯呀!"

因此,若依草木非情皆可成佛之理,拥有大数据和计算能力的 AI 当然更应该成佛;若据有情成佛之说,则只有当科学家把 AI 定义或研发为"有情众生"之一种时,佛学者才有机会讨论其成佛的可能性。

事实上,把人的"识"通过芯片或者超级计算等某种方式移植/导入进 AI 并且保持"相续"(连贯性)的设想在《超验骇客》(*Transcendence*)等不少科幻电影甚至"穿越剧""恐怖鬼片"中都有二维乃至三维的体现,但这并不是"机器人社会"或者"AI 泡沫"下才出现的奇思异想,而是有着根深蒂固的人类精神传统。比如,中国古代的志怪小说中时有出现的魂魄不散、冤鬼附体等灵异故事。在很多佛教经典中,这种以肉体的置换为主要标志和场景的"识"之传导及其异体相续乃至永续,并不被认为是觉悟成佛的状态。

三藏法师鸠摩罗什(334—413,一说350—409)翻译的《众经撰杂譬喻》和《大智度论》中都有一个"二鬼食人"的故事,经由道世(？—683)撰《法苑珠林》与永明延寿(904—975)著《宗镜录》等的转载诠释而广为人知:

从前,有一人出远门,独自寄宿在一间空房子里。睡至半夜,一鬼背来一死人,随后另一鬼追来并大骂先到的鬼:"死鬼！这死人是我的,你凭什么拿来？"先来的鬼答:"是我的东西,我当然可以拿来！"二鬼各抓住一只死人的手争执不下。这时,先来的鬼说:"这里有个活人,可以问他。"后到的鬼即问:"活人！这死人是谁的？"活人想:这俩鬼力气大,不管说实话还是打妄语都必死无疑,那就没必要骗鬼了。于是答:"先来的鬼背来的。"后到的鬼大怒,随即抓住活人的手臂,一把拔出扔在了地上。先到的鬼见状,立即取下死人手臂按在了活人身上。二鬼"三下五除二",把活人的两臂、两脚、头、肋全身都与死人调换了个,最后一起大快朵颐——吃了换下的活人身肉,抹抹嘴,扬长而去。

这时,活人想:身体发肤受之父母,见着二鬼吃干净了,现在"我"身上的都是别人的肉,那"我"现在是有身还是无身？如果有的话,都是他人的身体;如果无的话,现在却还有着肉身。这样想着,活人近于癫狂。天一亮,活人继续赶路,看见佛塔和僧众,即问自己的身体是有还是无。一比丘(和尚)疑惑道:"你是什么人？"回答:"我也不知道自己是人还是非人。"于是就诉说了半夜遇鬼被调换吃掉肉身之事。比丘想：此人明白"无我"的道理，这就可以得解脱了。然后就对他说："你的身体从来都是'无我'的，只是地水火风四大和合才称为身体，所以你的身体本来就与现在的状态没有区别。"此人听了比丘的话，遂断除了各种烦恼，证得了阿罗汉的果位。

《众经撰杂譬喻》为这个故事加了一句按语："是为能计无我，虚得道不远。"能明白"无我"的道理，离得道成佛也就不远了。

"佛"依文释意即"觉悟者"，浩瀚的三藏典籍中有很多关于"佛是什么"的描写与论述，但"成佛"仍然是最不可思议的境界之一，难以言诠更无法现表。以"无我"来诠释佛果，消解的是轮回之苦，指示的是解脱之道。

如果说未来的 AI 可获得作为"识相续"之基础的潜力或能力，通过对"识"的传导或控制能帮助人类实现转世或永生之梦想的话，"AI 僧"或许也会思考自己该如何修行以证悟成"AI 佛"。然而，就像"阿赖耶识"常被比喻为种子一样，佛性种子能否长成佛果，需要依赖诸多内因外缘。从 AI 到"AI 僧"再到"AI 佛"，是相续还是跳跃，俗人唯有坐待科学之发展而静观其变。一如释迦牟尼已成佛远去，而弥勒如来尚未降临，然"佛复告曰：弥勒！汝于未来久远、人寿八万岁时，当得作佛，名弥勒、如来、无所着、等正觉、明行成为、善逝、世间解、无上士、道法御、天人师……"(僧伽提婆译《中阿含·王相应品·说本经》，《大正藏》第 1 册，第 511 页上)

怀念王尧先生

"每逢佳节倍思亲",这句土得有点不忍说的话,却实实在在地击中了身在异国的我。今年除夕,在东京,特别想念王尧先生,最敬爱的爷爷!

王先生走了一年多了,沈卫荣等先生主编的《笔发江山气,帐含桃李风——怀念藏学宗师王尧先生》纪念文集也已经出版,而我却始终没有勇气写下只言片语来告慰王先生的深恩厚德,只在内心无数次地愧疚于自己竟未及报答其一二!

和王先生的缘分要追溯到我的祖父,他们相识于解放前的富阳中学,一人固守在小县城,另一人走遍雪域高原,却神奇地保持着联系一直到我高考那年。填志愿时,祖父说在北京的王教授特别有学问,请教他的意见。电话那头是略带江南口音的普通话:"上大学一定要来北京!人大的经管法不适合你们家孙女,来民大跟我学藏学吧。"当时我只晓得说话的是大教授爷爷,却全然不知什么是"藏学",也未曾想喊我去上学的是已经离休多年、不再带学生的"宗师"。

两个月后,高中毕业生怀着对"藏学"的憧憬坐上了进京的火车。不巧的是,王先生整个九月都在国外讲学。十月的某一天,同学跑进宿舍传话:"你爷爷来了!就在门口。""爷爷?"我懵懵地走到宿舍楼前,只见一位身材高挺、气宇轩昂的老先生说:"我是王尧,跟我回家吧,奶奶在家呢!"

事实上,早在1988年六十岁生日那天,学校就令王先生办理了离休手续。其时距离他等来自己的"学术春天"——在海外开创中国人研究藏学的卓越声誉——只不过六七年!被礼聘为藏学研究院名誉院长、被授予"博导"资格招收博士生更是将近二十年后的事了。耄耋之年才获学校重视,他不止一次无奈地叹息:"力不从心喽!"不难想象,如果王先生能一直坐镇教学,民大必然早已成为世界藏学研究的珠峰,前来求学朝圣者怕是要在中关村南大街排起长队的。中国藏学研究的队伍又岂会羸弱多年,任凭弟子沈卫荣等以独领风骚之姿竭力发扬仍不免青黄难接?

那几年门庭的清寂倒让我有了一人独享尊师的机会。王先生身体健朗,偶尔应邀去港台讲学,自嘲"墙外红花",大部分时间都在北京家中,和太太薛纫蕙为伴。二老对我的到来很是欢喜,待我如至亲的孙女。民大家属院四高层的房子虽然改装过两次,但我印象最深刻的一直是最初的那间书房。朝北的小屋,书架上横着竖着挤满了各种语言文字,书架玻璃门上贴夹着一些老照片,桌上也铺满了书,还有一些笔墨纸砚类的文房用品,地上的杂志堆让人有点难以下脚。开始的几个月,王先生不允许我一个人去书房,奶奶说:"那里头全都是他的宝贝,别人碰不得!"故每次都把书拿来客厅,端坐讲解。说到"五胡乱华",爱举

《木兰辞》为例,"唧唧复唧唧"全诗缓缓诵出,我在啧啧称奇之余只默记了几段;讲到"大昭寺"名的来源,模仿古今发音的区别。其实根本不用书(拿出来只是为了让我带回去阅读),掌故今典,全都信手拈来,还老"跑题"——这也是我最感神奇之处,王先生似乎认识所有书的作者,籍贯生平、学术成就,个个如数家珍,配上他那特有的生动丰富的语言,枯燥的学问瞬间都变成了鲜活的故事。

王先生自称"藏语文"专业,其他方面都是业余选手。接到从拉萨来的电话,拿起就说藏语,别人丝毫感觉不到两种语言会话间的切换。他非常强调语言学习对学术研究的重要性,基于语文学的功夫才是扎实的真本事。对我就读于哲学(宗教学)专业并无意见,在他看来人文学科是圆融互通、缺一不可的,而且都必须以学好语言为首要。也许是藏学宗师、佛学大家、学界泰斗等等名声太过响亮了,大多人可能并不知道他其实通达文史哲,自许"书生""秀才"。

有一次,王先生拿出几本藏历算法书,说:"今天要考考你!"布置完就留我一人在客厅盯着几本书挠头。大概过了半小时,他出来检查,发现错了一题,敲敲我的脑袋道:"孺子可教也!就是太粗心了。"我只好灰溜溜地进厨房帮忙准备午饭,奶奶却说:"他对几个子女都没这么上心教过,你好福气,要好好学啊!"从那以后,我再也不敢怠慢了,也总能看到他略带狡黠的笑,有种"孙猴子怎么也翻不出如来佛掌"的得意感。再后来,我就可以自己去书房挑书了,他多会尾随着递过来相关的其他书。记得拿起汉译《吐蕃僧诤记》时,他马上找出戴密微(Paul Demiéville)

的原著,我说:"看不懂法文呀!""看不懂就先摸摸!以后法语、德语、日语、梵语都要学的。"

翻看王先生的宝贝书时,常常会惊喜地"发现"一些老照片、旧信笺,彼时不知它们的珍贵,却如孩童般好奇直率,不管老人家的脸色是轻松还是凝重,每每追问:"这是谁呀?在哪里呢?去干吗了?"回答是第一次进藏之所见所闻时,奶奶悄悄地看了一眼房门有没有上锁;细数过班禅大师的种种遭遇,对他的公务家事都有着真实的理解,说到因出国讲学而未能陪同班禅喇嘛赴拉萨而竟成永别时,潸然泪下道:"你奶奶比我有福气,我们去班禅大师家里吃饭,大师亲自削了一个苹果给你奶奶,她自己吃了,我只能把苹果皮包好带回家。"奶奶在旁打趣道:"不就一个苹果嘛,你迷信了多少年了!"王先生则很严肃:"那是班禅大师,可不是迷信!"他把贡嘎上师所赠之金铜佛像、甘露宝丸等等法物都恭敬地奉在床头,覆以白绸,不示外人。十七世噶玛巴派使者来京看望时,王先生激动不已,连着几天都感怀当年在贡嘎山求学的情境,未曾想能与两世大宝法王结缘。他把使者送来的正反面各印一世法王照片的坠子挂到我胸前时,动情地嘱咐:"要好好珍藏!"

也常听王先生聊到和于道泉、费孝通、冰心、王森、季羡林、恩斯特·斯坦因凯勒(Ernst Steinkellner)等等世俗之恩师挚友的交往,当时的我对这些书本上可见的名字并没有特殊认知,只觉得王先生的人生好丰富、好精彩,已经超越了"历史的见证者",简直就是活脱脱的历史呀!

这也许仅仅是晚生者的福报,不再是那个"言者有罪、听者株连"的年代。他的一生都与"西藏"两个字紧密相联,用亲身经历讲述着所谓的"问题",以深厚学养阐释着汉藏和谐与民族友好的重要,虽也曾几多无奈与冤愤,却一直饱含着赤子衷心,践行着自己的信念。二十岁的我并不能完全理解他,却深深地被这种情怀所感染,也跟着坚信"学问乃天下之公器",立志要学他做"为天地立心,为生民立命,为往圣继绝学,为万世开太平"的学者。

王先生虽离休十余年,但笔耕不辍。他常把文稿清楚地誊抄在信纸上,让我录入电脑后再寄打印稿给编辑,后来慢慢变成了他口授我笔录。《两位学术大师:周叔迦与于道泉》《难忘的友情,永远的怀念——追忆罗致德教授》(以"乌衣"为笔名)、《写在前面的话》等等纪念性、序言性的文字,全都是出口成章、一气呵成的。就连《"钵阐布"考论》《西藏地名释例》这样的学术论文,也仅是修改了两三遍,史料印刻于脑,文章烂熟于胸。他说好文章的一个标准是"别人想抄都没法抄、不敢抄"!如今,盯着电脑里保存着的十余年前录入的文字,不禁泪如雨下,王先生七十多高龄尚且以清畅的记忆和缜密的思维治学以恒,让吾辈如何能不思精进?

报考北大哲学系时,请王先生写推荐信。他签上封印字后交给我并叮嘱:"推荐信是要保密的,不能偷看哦!"过了几天,我接到一位自称是姚卫群老师的电话:"王尧教授的推荐信上,'关系'一栏写着'监护人'……"我在惶恐中向未来的导师解释了一番。接着就是面试,几位考官看似也都对"监护人"一词兴味盎然,终于有人忍不住直问:"我们都是王尧先生的学生辈,你不好好跟他泰山北斗学,或者请他推荐到国外名校去,为何考北大?"对于这个问题,我倒有充分的答案——王先生希望能帮我圆了自小的"北大梦",从名门严师问学,到真正的大学磨砻砥砺。

大四时,王先生交给我一项光荣的"作业":季羡林先生正在牵头编写中国文化通史类丛书,藏传佛教史一卷交由我合作,书名拟为《藏传佛教史述论》。借着初生牛犊不怕虎的勇猛,我拿了王先生亲制的目录提纲就开始写。他每周都会仔细批改我的"作文",用什么参考书、该怎么写都交代得清楚详尽。毕业前夕完成了二十多万字的初稿,他很满意又有点不舍地拉着我的手说:"你现在去北大读博士应该不会丢我的脸了。"王先生曾经是希望我能继承衣钵之一二的吧!可少不更事者却对近在咫尺的大学者、真学问逐渐产生了畏惧与疏离之心。他的藏语是如此精湛,他的学识是如此渊博,让我觉得永远都不可能及之百一,退却的心理日渐浓了起来,终于在梵文的借口下慢慢转向了印度佛学这一他并不专长的领域。

准备出国时,我选择了以梵文与佛教研究著名的东京大学。行前,王先生拿出两个信封,一个装了学费,一个装了信笺,语重心长地说:"跟洋人学习,既要谦虚,又要不卑不亢。记住你是中国人,但要做得了国际性的学问。发达国家比较富裕,尤其要自尊自爱,任何时候都不能丢了人格和国格……这张信纸上写的池田温、山口瑞凤、三友健容、金子英一等几位教授都是我当年的朋友,你拿着我的信去找他们,学成后要回来报效祖国。"这几年在日本、欧美游学,切身体会到了"洋人"学者对王尧这一名字的敬重,我也因此颇受诸多师长的礼待。王先生不仅以地道的藏语、精深的学问服人,更以坚挺的骨气与伟岸的精神让外国学者敬仰!他为中国藏学赢得了极高的国际声誉,也为中国学者树立了行走国际学界的模范准则!

喊一声"爷爷",是远在异乡的至亲;称一声"先生",是我永远怀念的恩师!幸运如我,十八少年就能亲近于一代宗师门下,熏炙其学问理想与治学津梁,听闻其传奇经历与跌宕人生!一直都觉得王先生身体健康,还可以教导我多年,我也还可以过几年再报恩,可2015年12月17日他竟溘然长逝!顿失怙主之依,茫然迷失于东京街头……

王尧先生,最敬爱的爷爷,唯祈您乘愿再来,慈悲教化愚人!

怀念薛纫蘅女士

大家都叫她"薛老师",多数并非因为她是北京展览路小学的退休教师,而因她是藏学家王尧先生的夫人。称呼"薛老师"的人可能并不知道她有一个雅致美好的名字:纫蘅——"闻馥郁而飘然兮,纫蘅杜以为缨耶?"

薛老师1931年2月12日出生在江苏镇江,父亲是镇江中学的校长,迁自书香门第、官宦世家涟水薛氏。先有兄弟四人早逝,后于姊妹六人中排行第三。在南京读书时与王尧先生相识,后随夫进京,便成了"背后的女人"。

第一次见到她是2002年9月,我去北京上大学。那时的她还很健康,皮肤白皙光洁,脸颊常泛粉红,眼睛明澈透亮,衣衫清爽整齐,透着一股优雅的大家闺秀范儿。她爱笑,是那种慈祥温柔的微笑,即便偶尔面带愠色也不失江南女子的柔声细语。个子不高,在魁梧的先生身旁,亦步亦趋,婉约如小鸟依人,就这样一起走过了近六十个春秋。

她常说我既是孙女也是女儿,因为我出生那年她十八岁的独女出国留学,此后聚少离多,而我到北京时也正好十八岁。大学几年,像是左脚在宿舍,右脚在家属院,同学说"你去爷爷家上私塾",我回答"去奶奶家补充营养"。

2005年底心脏手术之前,七十多岁的她一直独自承担家务。我则每周至少有一天时间从买菜开始,跟着她学做饭。因为早年就患有高血脂,她吃得极为清淡,但觉得光吃蔬菜营养不够,而红烧类又太过油腻,于是爱做"清蒸鲈鱼",还借鉴了我母亲的做法,让我有一段时间几乎每周都可以吃到"妈妈的菜"。先生喜欢吃红烧肉,她也把这个秘方传授给了我,说:"养好了男人的胃就抓住了男人的心哦。"

我一般都在周末没课的时候去她家待上一整天,但有时会突然接到先生的电话:"欢欢,今天没事儿就过来吃饭吧?"我也不管有课没课,立即穿过校门。到家一看,她嘟囔小嘴在房间坐着,厨房地上摆着不少刚买的蔬菜,都是她爱吃的。我一开始收拾菜,她就从房间出来了,一边做饭一边细数这次"冷战"的前因后果。做好一桌菜三人一起吃,席间"警报"就解除了。先生总说:"小欢欢今天又立了一个大功!"她则笑眯眯道:"难不成还真饿死你啊?!"

她是一位精致爱美的女性,这让不拘小节的先生受用一生。她衣服不多,却有几件特别"贵"的,一起出门时,总是先给先生打扮好,再自己梳妆一番。很多人可能会惊讶于先生干净整洁的袖口和笔挺的西服,却不曾想到那是他七十多岁的老伴亲手洗烫出来的。她也极爱干净,家里永远都是一尘不染的样子。跟着先生拜访过不少大学者的我,从未见过哪家有如此洁净!他嘴上唠叨着"何必",心里想的定是"娶妻贤惠,夫复何求"!

先生好客,而她的待客之道则无人能及。客一落座,茶即奉上,再切一盘时令水果并插上牙签,或者摆上坚果茶点,小垃圾盒与餐巾纸也是必不可少的。然后,就退居"里屋",看书或做针线,过一会儿再出来给客人添水,又安静地"退下"。有时客人一待就是几个小时,她也从不去催促。若到吃饭时间,她总会热情地留客人一起用餐,自己口味清淡,却为客人加重调料。她记性很好,第二次来的客人,一般都会记得他们的名字,甚至喜欢吃什么。我总觉得她要不是因为怀上老大而放弃了考学,一定也是位极优秀的学者。她没有说过后悔的话,倒是先生时不时会提起她当年如何勤奋好学,一人守家带大三个孩子有点可惜了才华。

"不麻烦别人"是她恪守的原则,自己能做的事情绝不让别人代劳,这点让家人很是心疼她的身体。她定期去医院拿药,每次都是公交车来回,还要排各种队,但不到万不得已坚决不让我陪着一起去,说是会浪费我的学习时间。

她晚年做过两次大手术,第一次的顺利让第二次掉以轻心。术前一天,先生被"藏学中心"邀去京郊开三天会,就让我陪着。不知凶险的我推着她进了手术室,直到麻醉医师严厉训斥我没有签字资格时才开始拼命联系"直系亲属"。这时,老姨奶奶赶到,我俩害怕极了,抱在一起哭:"万一她有个闪失,我们怎么向王家交代啊!老王向来只要工作,都这样了还开什么会!……"不记得是谁违规签了字,也记不清后来几个小时的恐惧是怎么熬过来的。先生当晚从远郊赶到了北京医院,看到捡回一条命的她也吓坏了,但第二天仍然去赴了那个重要会议。儿子们从维也纳赶回,我们轮流在医院陪护着,她说:"几十年都是这么过来的,以前一进藏就是一年半载,他的工作重要。"

她对先生百般爱慕,却唯独不喜欢那一屋子的藏书。我想,她只是把书视作自己唯一的"情敌",所以念着早点把它们送出去,并非不理解先生的学术,否则她也不会支持我走学者道路:"等你工作了,有了自己的房子,就把书都拿走!"北京的房价让我无法实现这个期许,也很遗憾无缘继承先生的藏书。

后来,学校开始新建公寓,论资排辈,先生能换得一套大点儿的房子,她早早地在心里盘算该如何装饰新房。可先生却因为"被领导说动"而放弃了换房。她因此生气了好长时间,最终两人达成"清除藏书、重新装修"的约定。旧屋翻新,虽然没有达到理想状态,但看到原来的书房变成了子女回来时可住的卧室,没有了散落四处的书报,家里变得敞亮了,她的心里美滋滋的,只是每次都会在电话里提醒我:"一会儿到家了,千万别提书的事哦,你爷爷还气得直跺脚呢!"我当然不敢提,直到先生去世前,也从不问他书的事。偶尔有不知情的客人来家时问起书去哪里了,先生只是叹叹气说自己老了看不了了。

她一直盼着先生真正退休,好和她一起定居维也纳。他们尝试了几次。她十分喜欢维也纳的生活,和子女、儿孙在一起,是一种安稳的天伦之乐,是她梦想的幸福。但她知道先生视工作如生命,失去了北京的"学术环境",即使在人间天堂也会觉得落寞,所以她最终选择一起回京,照顾老伴,只在心里挂念着少小离家的孩子。有一次,先生在客厅与友人海阔天空地聊着藏学,她在里屋给我看老照片讲过去的故事,翻到孩子们小时候的相片时,再也止不住眼泪了:"我当年是反对他把小玫也送出国去的,孩子们都走了!至少留下一个给我啊!……"这是她唯一一次抱怨。后来,得知我留京工作时,先生说:"你奶奶最高兴了!"她却说:"你妈妈要难受了吧。"先生无言以对,他知道老伴的心思。

2013年5月7日,她因心脏病在北京家中去世。按照生前遗愿,没有举行葬礼,只是几位至亲的家人在医院做了告别。先生因故滞留维也纳,儿子带回来一封七页的手信,让我在棺盖合上前读给她听。从两人相识相爱的甜蜜,到养儿育女的艰辛,再到老有所伴的欣慰,字字如泣如诉……我泣不成声,竟未能读完。

一辆黑色的灵车载着她的身躯前往京郊,开了好久,那里不是八宝山,清寂得让人发冷,而这一定是她喜欢的环境!一缕青烟上升,未燃尽的遗骨雪一样的白,据说那白色意味着身体无大病痛,也象征着灵魂的高洁。

几个月后,子女遵嘱把她的大部分骨灰都撒入了大海,只留下一小部分等着与先生合葬。如今,夫妻已长眠于维也纳美泉宫旁,碑题"Familie WANG"。

人们都赞美她的善良与贤淑,只如其名,是纫在王尧身上的蕙香草!

实业传道与学术弘法：
纪念沼田先生

2006年10月9日，朝鲜进行了史上首次核试验。这对日本来说无异于又一颗原子弹发射升空，不同的只是未知何时可能掉落何处。三天后的10月12日，一名右翼分子开着自己的"马路宣传车"一头撞进了位于东京近郊川崎市的三丰股份公司（株式会社ミツトヨ，Mitutoyo）的大门，抗议该公司向朝鲜出口了可转用于核开发的"三次元测定器"（三坐标测量机）。因为当年8月末，日本政府以三丰股份公司违反"外汇交易及外国贸易法"为由，逮捕了包括当时的公司总裁在内的四名高管，并暂停公司进行任何出口业务……

2012年4月底，当我坐在"佛教传道协会"（BDK）总部的会客室，听会长沼田智秀（1932—2017，Numata Toshihide）先生略显沉重地谈及上述往事："……只有谢罪和反省，2010年7月2日行政制裁期满后，总公司和各分社都设立了誓言碑以杜绝类似事件再发生……现在公司恢复得不错，佛教传道协会也度过了最艰难的时期，又可以很好地支持全球的佛教学术研究了！"竟一时无法想象佛教研究会与朝鲜"核问题"直接挂钩！

我只见过沼田智秀先生这一次，三十分钟左右。写一篇纪念文章似有攀附之嫌，好在沼田先生对中国来说并不是家喻户晓的名人。

沼田智秀是三丰股份公司的创始人沼田惠范（1897—1994，Numata Eihan）的长子，曾任公司总裁、董事会主席以及佛教传道协会会长。2012年，在该协会奖学金（BDK Fellowship）的资助下，我获得了赴东京大学从事为期一年的访问研究的机会。出于对无偿资助的感恩之心，到东京后我就联系了负责奖学金事务的江口女士，表示想去协会总部拜访致谢，没想到江口女士当天回邮件说"沼田会长很想见一下第一位来表谢意的中国学者"。于是，一个星期后，我在位于东京都港区的协会总部见到了沼田智秀先生，听到了与朝鲜"核问题"有关的"不正输出"（违法出口）的故事。如今，除此以外的会谈内容大都已经记忆模糊，但古稀之年的沼田先生继承家族的誓言大愿，立志以实业传道、以学术弘法的拳拳之心溢于言表，令我终生难忘。

"三丰"与"三菱""丰田"两大路人皆知的日企毫无关系，与武当派道人、太极拳宗师"张三丰"更无因缘，而是取义自"天时、地利、人和"与"智慧、慈悲、勇气"是实现"事业繁荣、人格养成、世界和平"之"丰收"的关键因素这一理念，是一家致力于"技术的开发和人心的开发"、专于制造精密量仪的科技制造类企业。三丰公司生产的千分尺（螺旋测微器）、显微镜等精密量仪在日本市场长期占有着百分之九十以上的份额，但因产品与民众的日常生活无关，故并不是可以在地铁街头见到其广告的公众企业。然而，正是这家规模并不大、低调务实的家族企业，自创立起,始终坚持以营业额的百分之一用于"佛教传道"事业,以独家之力促成了半个世纪以来(日本)佛教在世界各国的传播与研究之盛势。沼田家族两代人的精进与守持,实现了几乎所有中国近现代佛教大士都曾发愿却始终无法得偿的理想——兴实业以传道,资学术以弘法。

1897年,沼田惠范出生在广岛县净莲寺,是属于净土真宗西本愿寺派的僧侣人家。同年,正好最早在欧美宣扬禅法(Zen)的临济宗僧释宗演(1859—1919)派遣其著名弟子铃木大拙(1870—1966)远赴美国弘法。而十九年后(1916),比铃木大拙小二十七岁的沼田惠范获得了大本山西本愿寺的派遣,作为"开教使辅"赴美布教。

经过十七天的太平洋航行,十九岁的惠范到达洛杉矶,以"生徒"身份寄住在好莱坞附近的一户美国人家庭,每天早晨上学前和傍晚放学后都要做饭洗碗,周末两天也排满了家务活,以赚取一个星期两美元的薪水来维持在好莱坞高中的学习。生活的贫困、劳作的繁重再加上学业的紧张,两年后,惠范患上了结核病。这在无药可治的年代,相当于被医生宣告了死亡。

"无钱回国,在无亲无故的异乡,过着牛马般的生活,连死了都不知道会被扔到哪里……"惠范后来在回忆文章里写道,"救我于悲苦的濒死之境的是从小听闻的亲鸾圣人的话:'一人居有喜,当作二人想;二人居有喜,当作三人想;那一人便是亲鸾。'"(《昭和50年10月浅草寺佛教文化讲座讲演录》,http://www.bdk.or.jp/bdk/founder.html)

在净土真宗初祖亲鸾(1173—1263)的"陪伴"下,惠范用母亲所赠之真宗圣典、念珠以及父亲所书"南无阿弥陀佛"名号,把居住的黑暗潮湿的地下室布置成了佛堂,开始每日做"功课"(日课,净土真宗的念佛仪轨),以此为精神支柱与心灵慰藉。"不可思议的是,身体慢慢恢复了健康。"

完成高中学业后,惠范进入加州大学伯克利分校学习数学。四年本科毕业后,考入了研究生院学习统计经济学。比原定的十年早一年完成了留美学习计划。

在加州求学时,惠范经常感到美国人强烈的"排日"情绪,被同学叫"Jap"而受欺凌。惠范认为,只有佛法可以改变美国人的这种心性。1925年,在加州日裔和亲日美国人的资金支持下,惠范创办了面向美国人传播佛教的英文双月刊《太平洋世界》(*The Pacific World*),表面上是介绍茶道、剑道等东方文化,实际则是宣扬佛教思想。每刊印刷约四千部,免费寄赠给美国各大学及其图书馆。

然而,杂志发行不到两年就出现了资金困难。惠范趁回国探亲之际,向西本愿寺以及被称为"日本资本主义之父"、创设理化学研究所的涩泽荣一(1840—1931)求助。获资后又支撑了两年,最终于1929年不得不停刊。从二十九岁起就全身心地投入这项弘法事业,仅四年即夭折无果,彼时三十三岁的惠范似有顿悟——"无论多么高尚的事业,在经济社会没有钱就是不行的!为了实现佛教传道的使命必须要赚钱!"这句话后来成了三丰企业与沼田家族的"初心"(日文"不忘初心"一语——初心忘るべからず——出自室町时代早期的能剧大师世阿弥的《花镜》一书。"初心者"即"新手",这句话最初的意思是"不要忘记自己还是初学者时的谦虚、紧张的心",即不忘最初的难堪困苦,才能不断精进自己的技能。后世逐渐多用来表达"不忘最初之志"的意思,常与表骄傲自满的"慢心"相对)。

1930年,三十三岁的沼田惠范回到日本,以加州大学伯克利分校经济学硕士的学历在内阁资源局谋得了统计官的职位。战乱年代,中央政府公务员的收入虽足以保全家衣食有靠,但存不下一文钱,更谈不上赚大钱来实现"佛教传道"的使命。正如日本谚语所说的"蟹随身掘洞",惠范认为应该根据自己的身份和力量来行事。于是,在将近不惑之年,他考察了日本国内外的经济状况与产业结构后,不顾周围所有人的反对,辞去了高级公务员的"铁饭碗",选择以实现千分尺的国产化为切入点,"下海"做实业,在东京武藏新田创建了一个研究实验室。

问题是,惠范本人乃经济学出身,根本不懂千分尺这种当时属于被美国垄断核心专利的高科技。他的办法是自己借钱贷款,然后雇用技术人员来做研发。1937年,惠范的千分尺实验成功,而当时的海军拿着国家经费都未能研制出来。虽然日本市场充斥着美国进口的名牌,但"国产化"确为惠范攒下了实现初心所需的第一桶金。1944年,他在栃木县宇都宫市开设了新工厂,后来成为三丰公司的主要生产基地。

对沼田惠范来说,精密量仪的研发与生产经营只不过是他要贯彻初志的手段,并不是目的。所以,1965年,当企业形成稳定的收益链时,以佛教传道为使命的惠范设立了"佛教传道协会",发愿用所赚取的钱财(净财)把包括普及佛教典籍、绘画、音乐等在内的所有传道事业组织化、体系化,向全世界传播。此举得到了当时诸多学界巨擘与教界长老的支持,如中村元(东京大学教授)、松本德明(大正大学理事长)、来马道断(曹洞宗宗务总长)等都出任协会成立的发起人。

佛教传道协会成立之初的主要活动是普及《佛教圣典》。所谓《佛教圣典》,其实是一本选取了佛教的主要教义编集而成的简单易懂的精要书,而不是很多经典的集成,出版发行后无偿赠送给任何想要了解佛教的人。最初是基于木津无庵为代表编纂的、由新译佛教圣典普及会于1925年出版的《新译佛教圣典》,由山边习学、赤沼智善为主导,邀约诸多佛教界人士参与监制、编辑,耗时五年完成出版。后来经过几代学者的不断增删修订,最新版由东京大学名誉教授前田专学任编集委员长。至今,《佛教圣典》已翻译成了四十六种语言,并有点字版(盲文)和手语版DVD,寄送至了六十二个国家和地区,共计九百余万册。特别是无偿寄赠旅馆酒店和医院,常与基督教的《圣经》一起并列在床头,开启了佛教主动传道的一种新方式。

随着三丰公司的精密量仪在全球各国的销售,《佛教圣典》也被三丰人带到了世界各地。如：1978年,设立了(加州)美国佛教传道协会、夏威夷佛教传道协会；1980年,在巴西设立了南美佛教传道协会。实业与传道,于沼田惠范来说是"一车两轮"之相互协作、共进互赢的关系。

沼田智秀则出生在三丰制作所创立前两年。从小便有"子承父业"想法的智秀原本打算学习经济学,以便将来成为一名出色的企业家。但在严父"去学佛教"的命令下,进入了早稻田大学东洋哲学系佛教学专业,主要指导教授是设立日本道教学会的道教权威、后任大正大学校长的汉学家福井康顺（1898—1991）先生。

大学毕业后即进入三丰公司，从一线车间技术员到总裁，把企业做大做强，智秀显然是一位极智慧优秀的实业家。"别人也可以把公司做好，但佛教传道事业非血亲之子不可。"1985年，沼田智秀接替父亲出任佛教传道协会会长，在继续普及《佛教圣典》的同时，推出了一系列新的举措加强在全球的传道事业，如设立外国人奖学金制度和专项研究资助制度，先后在墨西哥、加拿大、英国、新加坡、德国、中国台湾等地设立了佛教传道协会的海外分支机构。从沼田惠范曾经留学的加州大学伯克利分校设立"沼田佛教讲席"（教授职位）开始，至今已在美国哈佛大学、芝加哥大学，加拿大多伦多大学，英国牛津大学，荷兰莱顿大学，奥地利维也纳大学，德国汉堡大学等十五所世界名校开设了长期或短期的"沼田佛教讲席"，通过支持学术研究及其传播来弘扬佛教思想文化。

六十五岁时，沼田智秀在净土真宗西本愿寺"得度"为僧，法名"释智秀"。在日本，取得僧籍需要通过严格的考试，因此"得度"前，智秀在位于京都的本愿寺西山别院进行了为期十一天的"习礼"。至于"出家"的原因，他在自传《一筋之道》（非卖品）中说："妻子、父亲、继母在三年内相继去世，爱别离的精神伤痛是巨大的，支撑自己的只有从小亲近的佛教，即使六十五岁开始学佛也不晚。"另外一个理由是，作为日本最重要的"无宗派"佛教组织的掌门人，经常有机会与佛教界的高僧大德接触，智秀总是惭愧于自己非僧侣（无僧籍）的身份。

2017年3月，我在北印度旅行时，收到了佛教传道协会与三丰股份公司联合发出的讣告：会长、前董事长沼田智秀先生于2月16日安详往生，已举行了唯有近亲参加的"通夜"与"密葬"，将于3月30日在东京筑地本愿寺举行"本葬"。因为曾受过佛教传道协会的奖学金之恩、与沼田智秀先生有一面之缘，更因为先生曾希望"有朝一日在中国发展佛教传道事业"之未竟成（佛教传道协会曾在1982年授予赵朴初居士"传道功劳奖"，1986年授予隆莲法师"传道文化奖"），我从那烂陀转道蒲甘、曼谷，赴东京参加葬礼，既是最后的告别，亦见证沼田家族行"实业"与"传道"之两轮的承续，以及初志贯彻生命始终的"一筋之道"。

"印度哲学"的名义

最近几年,印度哲学常与其语言载体梵文一起被称为"绝学"——"绝"字之众妙多解,足供文人墨客相互调侃捧掐。未曾统计全国有多少高校开设着"印度哲学"或相关课程,数字应该会让人觉得这的确是一门濒临灭绝的学问了。自20世纪末以来,基础人文研究及其学科在欧洲日益衰落,颓势蔓延至美国,更在日本因"少子化"等社会问题而遭政府强行介入,"无用之学"不得不让位于"经世致用"恐怕是本世纪的全球大势。没有理由希求太多的年轻人对这一早年外来的"高山流水之学"或者如今的"花拳绣腿之术"产生兴趣甚至投入研学,那样既违背历史规律也不符合社会现实——这股带有浓烈"社会科学"味儿的话总能在最无奈的时候蹦出来聊以慰藉!

2008年秋,我初到东京大学留学,在"印度哲学佛教学研究室"当外国人研究生。这一研究室自南条文雄(1849—1927)、村上专精(1851—1929)、高楠顺次郎(1866—1945)等先生始设起,就是世界佛教研究的重镇。(南条文雄:净土真宗僧侣,1885年在东京帝国大学[现东京大学,下同]开设梵文课,被视为日本近现代梵文教育的创始人，1906年当选帝国学士院［现日本学士院，下同］院士。村上专精：净土真宗僧侣，东京帝国大学"印度哲学"教席的首任教授，亦最早在日本国立大学里教授佛教学，1918年当选帝国学士院院士。高楠顺次郎：净土真宗僧侣，1897年在东京帝国大学创设"梵语学"讲席，担任首位教授，1912年当选帝国学士院院士。）

到校第一天，导师斋藤明先生带我认路。本乡校区的"法文二号馆"素有迷宫之称，哈佛大学的Leonard van der Kuijp教授就曾颇多微词："每次来到东大，都让我想起尼泊尔的加德满都。堂堂亚洲第一学府，为何不修整一下文科大楼呢？这应该是日本最脏乱差的建筑了吧！"馆内天井连回廊让人分不清东南西北，或许正因为这种错综复杂的结构，才使其在1923年的"关东大地震"中屹立不倒——与之相邻的东京大学附属综合图书馆倒塌全毁，并导致承继自幕府时代的日汉藏书，以及南条文雄与高楠顺次郎在牛津大学留学时的老师马克斯·缪勒捐赠设立的"马克斯·缪勒文库"等等大量珍贵文献烧毁殆尽。

在三楼的一个拐角处，挂着一块开裂了的小黑板，上面用白粉笔竖写着"印度哲学研究室"。没走错门吗？佛教学呢？我忍不住用手指摸了一下。斋藤先生笑道："是粉笔，太用力了会擦掉的！"这才注意到最下面的"室"字已经被大大小小的手指印得模糊了。没人知道这块小黑板是不是木村泰贤(1881—1930)或者宇井伯寿(1882—1963)挂上去的，也无法考证会不会出自中村元(1912—1999)或者平川彰(1915—2002)的手笔。包括当时已近耄耋之年的高崎直道(1926—2013)与原实(1930—   )两位我的"老师的老师"在内,前辈师长们都说:"我考进东大的时候好像就是这块门牌!"(木村泰贤:曹洞宗僧侣,师从高楠顺次郎,继村上专精后任东京帝国大学"印度哲学"讲席教授。宇井伯寿:曹洞宗僧侣,与木村泰贤一起师从高楠顺次郎,1945年当选帝国学士院院士。中村元:师从宇井伯寿、辻直四郎,1984年当选日本学士院院士。平川彰:师从宇井伯寿、辻直四郎,1993年当选日本学士院院士。高崎直道:曹洞宗僧侣,师从中村元等,以唯识与如来藏思想研究著名。原实:师从辻直四郎等,以梵文研究著名,2000年当选日本学士院院士。)

"印度哲学研究室"简称"印哲",但绝大部分人都在这里研习佛教。几年后才知道,以"印度哲学"之名行佛教研究之实乃日本国立大学的一种关乎政治的考量。由于政教分离和平衡各宗等诉求,直到20世纪90年代都不允许把单独一个宗教(如佛教、基督教)作为研究室的名称。这也在某种程度上使得日文汉字"印度哲学"的意涵发生了重要变化:不仅仅指国别意义上的印度的哲学,更重要的是包含了对日本影响深远的、经中国和朝鲜传入的印度的佛教哲学,且以佛学为"印度哲学"的重心。

在中国的语境里,"印度哲学"或曰"古印度六派哲学""印度正统六派哲学",随着佛教的传入而为国人所知。早在6世纪,真谛法师就把数论派的重要典籍《金七十论》译为汉文。约一百年后,玄奘大师翻译了胜论派的《胜宗十句义论》。这两部"外道"的经典论著都被收进了历代大藏经,颇受研习佛教者重视。汉译佛教典籍中亦有不少涉及弥曼差派、正理派等古印度其他正统派宗教哲学思想的内容,或是古师论理争辩之对象,或为大德说法叙事之背景。然而，大多译语不一、零乱难解，奘师的弟子基师及再传弟子慧沼之后就鲜有人问津了。随着佛教在中国的传承与发展，印度哲学因其内嵌于佛典与义学的不可或缺性，作为附带而来的"同乡"，虽然一直保有着被研习的名义，却鲜见注疏或论著流传下来。直到近现代，在西方与日本之新式学术研究范式的影响下，时任北大校长的蔡元培先生将"印度哲学"请上了讲台，力邀著名哲学家梁漱溟先生于1917年始设课目，才又开启了实际研究这门古老学问的新风。

2006年我进入北大哲学系（宗教学系）读书时，提及"印度哲学"主要是指除了佛教以外的婆罗门教正统六派哲学——数论派、瑜伽派、胜论派、正理派、弥曼差派、吠檀多派，亦可上追溯至吠陀、奥义书等婆罗门思想的源头，旁含纳顺世论、耆那教等与佛教同属"非正统派"的学理体系。然而，并不是说被这种传统定义排除在外的印度的"佛教（哲学）"不属于"印度哲学"，而是意在强调源自印度的佛教之于中国等世界其他国家的巨大影响，足以使其发展成为另一门独立的学科——不再囿于国别和时代的界限、贯通多种语言文字与研究方法——"佛教学"。

国际佛教研究协会（International Association of Buddhist Studies，IABS）在章程中写道"佛教研究于1976年获得了作为独立的学术研究领域的地位"，这虽难免是学人积极乐观的自勉，但综观近五十年来的国际人文学术趋势，佛教学在世界各大高校的快速发展，不仅融摄自身于哲学、宗教、历史、文学、心理学、艺术学、社会学等传统分类的学科，而且使欧美大学许多历史悠久的梵文、印度哲学专业逐渐成为一个附属的辅修分支。

在北大念书时，常听导师姚卫群先生感叹："想学印度哲学的学生越来越少，近几年都报考佛教了。"姚先生给硕士、博士研究生上一年的"印度古代哲学原著选读"课程，除了佛教以外的正统、非正统流派的著作大都会选读一遍。学生往往只有个位数，在静园四院内的"小黑屋"（佛教道教教研室）上课，也不觉得拥挤。我们有时会在课间拿校史掌故说笑："季羡林先生有一年的课上只有一位旁听生；梁漱溟、汤用彤、钢和泰（Alexander von Staël-Holstein）等先生都在北大教过印度哲学……"揶揄的背后，也许暗藏着一股自嘲为"五四精神"的青春热情。现在想来，若没有当年的自娱自乐和莫名的使命感，谁也难耐"小黑屋"的阴暗与清冷，早已逃"印度哲学"而去了吧！

已故恩师王尧先生曾经常告诫："学习佛教，就要多学点语言，梵文、藏文、巴利文、日文、德文都要学，还要好好学习印度古代丰富的婆罗门思想文化。"这是我求学以来一直铭记于心的教诲！自十多年前准备博士学位论文《〈中观心论〉及其古注〈思择焰〉研究》起，阅读佛教典籍的同时便不离开外道论著，总以"知彼才知己"的信念，通过阅读充满"奇思异想"的婆罗门教文本来丰富自己对佛教之历史与哲学的理解。最初翻译《胜论经》以及月喜的注疏（《月喜疏》）即是为了读懂《中观心论》与《思择焰》中涉及的胜论派的教义学说，知清辩所破才能悟道中观！

翻梵十年终付梓，愿继奘师译经志！小书短薄，但仍欲借译注之机，疏解与佛教平行发展了近千年的"同乡学派"，既行研究印度哲学之实，亦以其名义充实对佛学的知见。

最后，衷心感谢商务印书馆副总编辑陈小文先生、编辑颜廷真先生的鼎力相助,他们对年轻学者的信任与鼓励、对印度哲学与梵文研究的理解和支持,使我深受感动,学不绝于斯矣!

《胜论经》(商务印书馆,2018年)后记

东京大学文学部"报销"物语

【作者按】2014年12月,《文汇学人》连续刊发了中国社会科学院文学研究所蒋寅教授的两篇"吐槽"文:《报销噩梦:看学者如何吐槽科研经费》《走出报销噩梦:再谈科研经费》。经"澎湃新闻"转载后引起了一线高校教师和研究人员的广泛关注与讨论,更有坊间局外人谓之"大开眼界"。蒋教授在两篇文章中多次以艳羡的口吻提到国外学界尤其是日本的情况,但并未具体谈及日本学者是如何报销的。又到了年末年始一手忙报销一手忙预算的季节,忆起过去两年发生在别人家的流水账,是以记之,供学人品评。

日本的财政/会计年度是4月1日至来年的3月31日。从幼儿园到大学、自政府至企业,都从4月1日开始计算新的一年。我猜这与大和民族的"樱花情节"有关——在绚烂浪漫的花开花落之季完成新旧更替。只是喜过"洋节"的日本民众似乎唯独不能享受愚人节的幽默,在新年度的第一天总显得拘谨有余而轻松不足。

2015年4月1日，我作为日本学术振兴会外国人特别研究员开始了在东京大学文学部的研究工作。此前的2月中旬，我申请到了学术振兴会的"特别研究员奖励费"，是日本"科学研究费补助金"的一种，相当于中国的国家社科基金等"纵向"科研经费。由于项目审批、各级拨款等等手续需要花费一定的时间，当年4月1日开始的科研经费要到5月下旬才能进入东大的财务系统，所以教授、科研人员都有近两个月的"空头账户"。

在印度哲学佛教学研究室（"研究室"相当于"系"）办完入职手续后，我怀着对经费之"有名无实"的惯性担忧去文学部财务室报到——领取《报销须知》、签署《科研经费使用知情书》（即《廉洁承诺书》），没想到财务助理连忙先行鞠躬："非常抱歉！政府（学术振兴会）没能在4月1日前把研究经费划拨到东京大学！但是，我校准备了充足的预备款，如果研究需要的话，4月1日起可以正常使用项目经费，不需要办理借款手续，5月底经费到账后大学会主动扣除已使用的部分。"

我竟一时没听懂，"就当账户上有钱一样正常使用吗？"或许是留学回国几年已然忘了日语思维吧。

"是的，大学统一管理教职员的经费，不用担心开支超额或者无法偿还。但重要的是，不能因为行政的原因而缩短经费的有效使用期限，东大要尽可能地保证教职员有一个完整的年度（十二个月）来支配自己的科研经费。如果等5月底进账了才能使用的话，到明年3月31日就只剩十个月的时间了。"

"那么，需要在半年的时候花掉百分之五十的经费吗？"看着留学时就已经面熟的财务助理，只好解释道，"前几年拿的都是奖学金和助学金，没有接触过日本的科研经费。"

"我还记得你以前每个月都来交勤工俭学的工作记录呢！那就是用的科研经费。现在开始你也可以聘（学生）助理了，标准还是每小时 900—1200 日元（约 50—75 元人民币）。"

"快十年了都没有涨价吗？我当年的学费可全都靠的勤工俭学！"

"日本是通货紧缩吧！"财务助理从抽屉里拿出来一本小册子，递给我，"记住，今年的科研经费要在明年 3 月 31 日前全部用完，用不完的部分将由东大还给学术振兴会。但什么时候用完没有限制，你可以一个月全部用完，也可以十二个月慢慢用完。"

"有使用比例限制吗？比如参加国际会议、购买科研材料、发放劳务报酬等各占多少？"接过小册子的瞬间，我拼命回想了一下申请经费时是否填写过预算表。

"一般没有限制，按照研究的实际需求来使用。如果有特殊情况，可以提交文学部全体教授会议审议。"

似懂非懂地走出财务室。暖心，不仅仅是因为回到了久别的本乡校园，此时安田讲堂正门右侧的粉色垂樱正在满开。

"文学部财务手册"其实是 PPT 文档打印出来的几页 A4 纸的合订本，封面上彩印着文学部的标志性建筑"二重拱门"，据说它在 20 世纪 60 年代末的学潮运动中被本部学生点火烧过。

"手册"中简明扼要地罗列了各种报销手续和注意事项。几分钟翻看完后径直去了位于文学部大楼负一层的校内文具杂货店——"东大生协"。挑选了打印机、墨盒、单反相机、三脚架、各种纸和笔、咖啡机和咖啡豆等等,在校内支付专柜填写了自己的工号。因为东西比较多就选择了打包寄送至新办公室,自己则拿到三张收据,需要在一个月内去研究室和财务室办理报销手续。

从地下一层的"生协"走到三楼的研究室,需要穿过一长串曲里拐弯的阴暗楼道,翻看着三张 A4 纸上的内容,很是纳闷:东西应该一会儿就送到办公室了,如果不及时办完报销的话,"生协"会来讨债吗?这是打白条行为吧?莫非是"生协"的购物系统和学校的财务系统联网,输入工号的同时已经完成了付款,东大垫付了我的"空头账户"?这显然比支付宝更加方便,连密码都不用。

三张收据分别是《請求書》(相当于发票)、《納品書》(物品清单)、《見積書》(详细价目表)。除了经费使用者本人以外,还需要请同研究室的一位同事(教授或助理)在物品清单上签字,以证明确实购买并收到了这些东西。不需要找领导签字或盖公章,而学生自然也不能为教授或职员做查验证明。原则上,签字的同事需要一一清点并核对实物,但在东京大学很少有人如此严格操作,据说是因为东大的科研经费巨多、采购量庞大,国立大学不愿也不能浪费被称为"纳税人的钱"的人力和财力,从而选择了依靠高素质的信任来进行无形的监管。(私立大学往往雇用兼职人员来严格核查所购材料是否"名实相副"、是否适用于该科研项目,以保证经费得到正当使用。)

研究室的助教加藤君是刚从德国毕业回来的"海归",东大本硕,专攻古印度吠檀多派哲学。我请他在物品清单上签字。

他拿出私章,说:"日本还是更认可印章,只有外国人可以手签字。中国人也喜欢用印章吧?"

"个人很少用印章了。日本的私章不容易造假或者弄错吗?就只刻姓氏而不是全名,比如我们研究室就有两个加藤君,我看两个印章就像是一个模子刻出来的。"

加藤君做了一个"机智"的表情包笑脸:"言归正传,并不是校内生协的所有物品都能报销,为防万一,最好等财务室确认之后再使用,没拆封的可以退货,用过了就只能自己补交钱了!校内卖的东西可比外面贵哦!"

把签完字的物品清单连同另两张收据交到了一楼财务处,再返回赤门研究栋的办公室时,一大箱子办公用品已经摆放在了门口。

三天后,收到了财务室打来的电话:"遥控自拍架"与所从事的"日本古写经研究"课题无关,不能报销;单反相机和三脚架应该用于寺院调查时拍摄经卷、佛像等,但自拍架属于游玩类用品而非科研必需品。凡是带有东大 logo 的文具都不能报销,因为带 logo 之物的设计附加值高,其首要目的是纪念而不是当作文具来使用;带有 Hello Kitty、哆啦A梦、龙猫等卡通图案的文具就更不能归入科研办公用品报销了(此规定简直有违时尚之都、萌宠之国的天性)。这时才发现物品清单上详细列举了每件文具的样式、色彩、图案等等。

一般来说,购买单件未满一百万日元(约六万元人民币)的科研材料时,可以自己先行购买再去财务室报销。其中,单件二十万日元(约一万两千元人民币)以上的材料需要登记造册以备随时核查,单件五十万日元(约三万元人民币)以上则需纳入固定资产管理。然而,很多私立大学把五万日元(约三千元人民币)以上的物品纳入固定资产管理,如此一来,稍贵一点的书籍就须在离职或离校时交还给学校,不少教授对此一"吝啬"的规矩怨声载道。

作为文科生,没有购买大额(超过一百万日元)科研材料和设备的经验。按照东大当时的规定,单件金额在一百万至五百万日元之间,由财务室代为购买;五百万至一千万日元,需提交购买理由书,并在学部教授会议陈述,再由财务室代购;一千万至两千万日元,招标购买,由学校专门委员会审查;两千万日元以上,通过政府采购,由学校专门委员会审查。

本乡校园外的本乡大道上鳞次栉比地排列着许多书店,不管是文科生还是理工农医学部的师生,一年下来都需要买不少书。根据路人甲的视觉判断,医学书店数量最多,规模大小不等——有说在中国臭名昭著的"731细菌部队"的"731"一名即取自东京大学(含医学部)的地址:东京都文京区本乡7-3-1。与我的研究相关的主要是赤门斜对面的一家佛教学专门书店——山喜房佛书林——现在是第二代女老板在苦心经营着,和入赘的先生一起接过了父亲的遗产与志业,专卖佛教类书,兼及出版佛学图书,早已是佛教研究的标配书屋之一。老板夫妇俩都已年近八十,与研究室的每一位师生熟识,偶尔会请我们在附近的小酒馆吃饭。店里没有电脑打印的购物清单,每次都是老先生工整地手写每一本书的书名和折后实价,他知道不属于研究课题用的书籍不能拿回大学报销。

参加学术会议或者从事田野调查，可能是文科生的主要外出学术活动了，可以统称为"出差"。因为佛教专业需要一定的田野工作，出差次数相对较多，而目的地则几乎全都是寺院（往往还是名山大院），故常被朋友戏谑为"专业深度游"。不知是寺院身在景区中，还是美景只缘是寺院。无论如何，一个实际的问题就是科研经费并不能报销门票。好在调研时一般都需要按照礼节与习俗给住持送"礼金"或者"谢金"（科研经费可以支付现金报酬），门票基本就都免除了。

日本国内出差，在出发前与研究室助教打好招呼、安排好课程或者工作即可。差旅费采取"包干制"，与中国的"包干制"的区别在于连车费都"包干"，即假设出差人购买了规定范围内的最高等级票，而财务室并不要求报销时提供车票的发票或收据。比如，从东京去京都出差，规定报销新干线普通座的正常票价，但是如果购买到打折的新干线票或者乘坐夜行巴士去，省下来的差额则可以装进自己的口袋，这一节约而来的"收入"是合法的。住宿费则需要根据发票的金额在"上限"范围内实报实销。最近几年，由于访日游客猛增，导致京都等地的酒店房价往往超过几年前制定的"上限"。遇到过几次这种情况，财务室非常人性地放宽了"上限"，即按照市场行情临时调高报销限额。真应了句中国话：规矩是死的，人是活的！

2015年夏天，我应邀赴泰国曼谷参加第十六届世界梵文大会，行前一个月在研究室教授会议上陈述了出差事由。（文学部每两周召开一次全体教授会议，出席率高的主要原因是每次开会都有需要众议并投票表决的事项。）参加国际会议的报销方式与中国的因公出国(境)基本相同,只不过日本的"日当"(日津贴)少到可以忽略不计。和同行的日本学者聊起中国学者的国际会议经费里有"伙食补贴"一项时,都对中国近年经济之强盛与重视饮食的优良文化传统投以惊羡的赞叹,同时义正词严地抱怨在会议等学术活动的招待中,日本政府规定酒不能纳入餐费来报销。日本学者之爱饮酒可能甚于中国学者,因此有些研究室往往自备"活动基金",如师长系友的捐赠等,相当于中国的"横向"经费,用来开支集体(科研)活动时无法用"纵向"经费报销的部分。

与工资收入相比,年轻学者的科研经费并不多,但一年下来足够进行各种想要开展的学术活动以及国内外交流合作等等。2016年3月初,财务室群发邮件提醒大家在观赏樱花的同时关心一下各自的科研经费账户,若有剩余则应在31日前用完。一查,欣喜地发现自己尚有二万多日元在账,便在午后溜达至"山喜房",抱回了一本刚出版的《中峰明本〈山房夜话〉译注》。

佛学与梵文写本研究

——与恩斯特·斯坦因凯勒教授的对谈

【笔者按】恩斯特·斯坦因凯勒（Ernst Steinkellner），1937年出生于奥地利的格拉茨，长期任职于维也纳大学和奥地利科学院，是国际著名的佛学家、梵文学家。他精通佛教逻辑学与认识论（量论），是继其师埃利希·弗劳瓦尔纳（Erich Frauwallner，1898—1974）之后"维也纳学派"（或称"佛教语文学派"）乃至整个欧洲佛学与印度学研究的领军人物。近些年来，斯坦因凯勒教授带领奥地利科学院和维也纳大学的研究人员与中国藏学研究中心就西藏保存的古代梵文写本进行合作研究，取得了举世瞩目的成就。

2013年初，斯坦因凯勒教授应邀到访中国藏学研究中心，经罗鸿教授介绍，我以中国社会科学院哲学研究所和梵文研究中心的名义向他发出讲座邀请，他欣然应允。不料，讲座前夕，斯坦因凯勒教授家中突发要事，不得不临时改变行程提前返回奥地利。当年无缘得见这位传说中的学者。

2014年初夏，我准备前往维也纳大学和海德堡大学分别参加第十七届国际佛教学大会（IABS）与第五届国际因明学会，同事高山杉先生建议:"你应该趁这个机会采访一下斯坦因凯勒教授,我帮你投给《上海书评》!"于是,我就给斯坦因凯勒教授写邮件。他爽快地答应了,还说,我有很多话想说,维也纳的佛教大会人多耳杂,我们去海德堡的因明会议细说慢聊。六天的国际佛教大会结束后,我们一起前往海德堡。因明学会会期五天,所有与会代表住在同一家酒店,除了论文发表间隙的茶歇,每天早、中、晚三餐都有充分的时间交流。

那是我第一次与斯坦因凯勒教授见面,当时觉得将来可能不会再有这样充裕的时间(至今未再见),于是"肆无忌惮"地问了所有感兴趣的问题,学术、政见、人生、信仰;而斯坦因凯勒教授或许正想通过我传递一些信息,谈得特别坦诚、彻底。似有一种先在的默契,而这让人觉得"一见如故"并非今生之缘可以促成。

几天的对谈全程都用双方的第二外语英语进行,间或夹杂一点汉语、日语或德语。后由我整理并翻译,首发于《东方早报·上海书评》(2014年12月7日)。

何欢欢:"维也纳学派"又被称为"佛教语文学派",用语文学(Philologie)的方法来研究佛学尤其是佛教哲学。它处理的梵藏文文本之精致,已成为全世界同行仿效的标准。那么,什么是语文学?语文学研究的具体做法是什么?

斯坦因凯勒:我自认是一位语文学家(Philologe)。在我看来,语文学就是尽可能清晰而准确地理解别人的表述,不管是书面的文字,还是口头的言说,也不管是同一种语言文字,还是几种不同的语言文字。语文学就是一种理解"信息"（Informationen）的艺术。如果这种"信息"来自几乎无人能懂的梵文贝叶等，那就更有意思了。语文学的研究意味着要把文本从"地下"挖掘出来，清理干净，再向别人清晰地传达出这个文本的意思以及研究者自身的理解。这是一种为了理解"他者"而进行的训练，也可以称之为"禅"（Meditation），这就是我的语文学。

首先要说明的是，语文学研究的工作量很大，所出成果往往质量不一，水平参差。用两句话来概括语文学的具体工作，就是：第一，用开放的眼光来审视对象，也就是拿到一个文本时，必须清晰地看到其中有什么东西；第二，把看到的这些东西"挑"出来，用一种通行的字符加以转写，这也就是常说的制作"精校本"，同时思考这些东西意味着什么。所以，这两句话也可以说成：睁开你的眼睛，想想你看见了什么！这就是语文学研究的全部方法论。当然，在最后还要能领会这些文本中的思想对于古人甚至当代人来说都有着什么样的重要价值——只要人类还在持续思考这些问题，那么文本中的思想所体现的哲学价值甚至可以是永恒的。

语文学的基础工作是文本校勘与研究，其成果常常就是精校本。但事实上，工作过程的很多程序或步骤，却并不能完全体现在最后的成果当中，除非是我们精确地记录了校勘的每一个步骤，而且读者又能够读懂这些记录。文本校勘的一个问题或麻烦是文本的数量，如果一个文本有二百个不同的写本，这种校勘工作肯定是烦琐到"令人恶心"。那就需要很好的组织与安排，从区分不同写本的重要性等开始进行。幸运的是，就佛教梵文写本的研究来说，我们现在能够利用的梵文写本数量非常有限，最多也就四种不同的版本而已，常常是"孤本"居多。所以，针对这些文本所从事的语文学基础工作，实际上还是相对容易的，我们只需要整理这些有限的信息，然后再考虑诸如哪些异读是正确而有意义的、哪些异读又是错误或无意义的等等问题。

在校勘的过程中，对文本中出现的各种异读都要非常清晰、严格、准确地记录下来，不然的话很有可能在最后的阶段做出错误的选择和解读。此外，如果校勘中的记录非常规范，那么读者就有可能从中发现另一种更好的异读，从而改进对文本的理解。所以，语文学的首要任务是清晰记录文本的每一项信息，这其实是一种较为简单的基础工作。但如果不理解文本的意思，在选择异读时就极有可能做出错误的判断。因此，文本校勘并不是一项简单的机械性工作，校勘的同时必须进行思考，而且还必须至少为了自己的理解进行初步的翻译，因为校勘者，尤其是哲学文本的校勘者，必须明白文本的意思。哲学文本中异读的选择，绝大多数都取决于上下文的意思。优秀哲学家的文本必定是意味深长的，如果某一文本显得不那么有意义，那肯定是校勘上出了什么问题，这就需要考虑其他可能的异读。语文学的工作事实上必须在理解文本意思的前提下进行。每个学者在做文本校勘时都应该同时进行初步翻译。当然，在最后出版精校本时，是否同时出版译文，就是另外一个问题了。这是因为，把仅仅为了便于自己理解而作的初译整理成能够出版的译文，还需要花费大量时间。我最近就因为时间问题，在出版精校本时没有再附上译文，但我一直都有初步的译稿供自己校勘文本使用。

就兴趣来说，我自认是一位哲学史家。因为我最感兴趣的研究对象是哲学性的、理论性的问题，例如什么是真实、什么是人的需求等等哲学命题。但我不是哲学家，因为哲学家是要理解自己想知道的那些哲学问题，而我想知道的则是一千年前的人讨论的哲学问题，这是哲学史或说佛教哲学史的研究，不是哲学本身。

何欢欢：为什么用语文学方法来研究佛教？如何培养学生掌握这种方法？

斯坦因凯勒：佛学研究应该采取一种跨学科的态度，需要同时学习哲学和语文学等学科。在维也纳，基础研究的传统是梵文与印度哲学，这两者给佛学研究，尤其是佛教哲学研究，提供了切实的基本保障。就佛学研究来讲，主要的传统是佛教逻辑学与认识论的研究，这一研究建立在以梵藏文本校勘为主的语文学基础之上。奥地利科学院的亚洲文化和思想史研究所（Institut für Kulturund Geistesgeschichte Asiens）、维也纳大学的南亚西藏佛学系（Institut für Südasien, Tibet und Buddhismuskunde）主要从事最亟须的语文学工作，因为我们需要重新获取以前认为已经丢失了的佛教梵藏文文献，以解读文本来重新认识佛教的历史和哲学，我们的理想是将这些重要的文本以其本来面目呈献给知识界。

在中国，佛学研究往往设置在哲学系，因此语文学的训练很容易遭到忽视。事实上，哲学系的学生非常需要具备语文学和语言学的基础。当然，为了从哲学的角度理解文本，哲学的学习与训练是必需的。但是,如果不能以语文学的方法来正确阅读文本的话,那么哲学的解读恐怕是意义不大的。

我训练学生的方法一直非常简单,其实就是延续了我的导师埃利希·弗劳瓦尔纳教授的方法。现在的大学有规范的教育课程,比如第一年和第二年的必修课等,但我从来不关心这些。佛学研究的训练,从一开始就必须专注于语言能力的培养。在最初的两年时间里,应该花尽可能多的时间,最大限度地掌握几种语言。每天两到四小时的学习是远远不够的!语言是基础,如果到了三十岁突然发现自己的语言能力不够用,到那时就很难再持续进行研究了。掌握语言的同时,也就自然而然地进入了这个领域。我的方法是"边读边学",我不教语言也不教哲学,我只是和学生们一起阅读,带领他们理解文本。

还记得我作为新生第一次去见弗劳瓦尔纳教授的时候,他只问了我三个问题:"你懂梵文吗?"我说:"不懂。""你有语法书吗?""我有一本梵文文法小册子。""你知道《薄伽梵歌》吗?""不知道。"然后他说:"去找这本书(《薄伽梵歌》),到你能读懂前三章的时候,再回来找我。"那时是10月初,我开始学习梵文,到年底圣诞节时,我再去找弗劳瓦尔纳教授,他问了我一些梵文词形变化,以及《薄伽梵歌》中的一个句子,然后我就被允许参加他的讨论班了。我学习梵文的过程是很快的,但现在的大学有常规的一到两年的语言学习与训练,这是浪费时间。虽然需要遵守大学的规程,但我并不在乎这些,我只是带着学生们一起读文本,如果他们能够很好地进行课前准备,课上紧跟进度就可以了,这样其实就以最快的速度进入到了这个领域。

作为老师，并不能强迫学生或大学通过设置课程来达到速成的效果，而只能期待对此感兴趣的学生能够自己速成。通常半年就能掌握的语言，按照大学一般课程进度来学习的话，就可能需要两年的时间，这样就很难使学生迅速掌握这门语言。作为老师，要想使学生速成，就需要为梵文和藏文这样的特殊语种设置特殊的授课方式。我记得弗劳瓦尔纳教授开始教藏文时大概只花了十分钟时间来介绍这门语言，然后我们就开始读文本了！因为事实上并没有什么可讲的，只需要介绍一下藏文小品词的用法，也就是基本语法，就可以了，剩下的就是词汇，这需要学生自己去掌握。

所以，如果问什么是语文学的学习的话，那就是阅读，从简单的文本读起，然后再阅读复杂的文本，这种训练要从最初入门的时候就开始。语文学的学习与研究非常需要好的老师，因为有时候一到两个小时可能只读了一句话，有时候却要在二十分钟内读完整整三页。学生如何掌握语言，如何理解文本，都需要经验丰富的老师来循循善诱。

至于印度哲学和佛学等基本知识的掌握，常识性的导论课程虽然有用，但在很大程度上依赖于大学能够提供什么样的课程，如果没有相关课程的话，学生看书或者上网自学都是完全可以的。这种文化和知识的学习完全取决于个人的兴趣。大学的一般课程其实都比较花时间，如果学生有特殊的兴趣，最好自己找书自学。

何欢欢： 近几十年来，国际印藏佛学界似乎通行着"梵文至高无上，巴利文、藏文相当重要，汉文可有可无"的研究规则，这种排序不仅忽视了大量佛典仅存汉译这一重要事实，而且还把以汉文为载体的汉传佛教与以梵、藏、巴利文等为载体的其他几大佛教传承体系隔离开来。那么，该如何看待佛学研究中几种古典语言的相互关系及其学习和运用呢？

斯坦因凯勒： 对一位优秀的佛学研究者来说，汉文应该是一门非常重要的语言。你说得很对，许多早期佛教文献现在仅有汉译本存世，其中包括大量的哲学文本。一般来说，佛学研究者都应该学习梵文、汉文、藏文和巴利文的基本知识，然后再根据自己兴趣和专业的发展来决定进一步要掌握到什么程度。如果主要的研究方向是阿毗达磨、瑜伽行与中观等思想，那么不掌握汉文的话，是不可能进行真正的研究的。从这一点来说，我自己倒是个例外，因为我研究的是量论学派，也就是印藏佛学传统中的逻辑学与认识论，这一领域几乎没有汉文资料，所以是否掌握汉文，就不那么重要了。当然，量论学派始祖陈那的《因明正理门论》有玄奘的汉译本存世，但更为重要的《集量论》（*Pramāṇasamuccaya*）和《集量论注》（*Pramāṇasamuccayavṛtti*）等却都没有被翻译为古代汉文，只是到了近现代才有吕澂、法尊等学者将《集量论》等藏译量论著作翻译为汉文。藏传佛教对经由法称解释的陈那逻辑学和认识论有着浓厚的兴趣，并且对之进行了极为丰富的发展。可以说整个佛教逻辑学与认识论的传统主要还是建立在梵文的基础之上，然后再由藏文发展出来的。

语言的学习与掌握，是以语文学方法进行学术研究的必要前提。对于有着梵文、巴利文、汉文、藏文等不同语文传承的佛教来说,语言的学习与掌握尤为重要。想真正从事佛学研究的人,获得全面而专业的语言训练是非常重要的,梵文和藏文是必需的,汉文也是必需的!在西方学术界,只有我这一代人可以算是例外。我老师那一辈的学者大都通晓汉文,而我自己的学生也有很多机会学习汉文。我是从"二战"之后才开始学习印度哲学与佛学的,大学时代是1958到1962年,那时候在整个奥地利都没有汉文教师。事实上,我上中学时就对亚洲感兴趣。上大学的时候,一开始想学的是汉文而不是梵文。但是,奥地利大学当时没有汉文课程。后来我去英国留学,在伦敦大学亚非学院(SOAS)找到了我很感兴趣的汉文课程,但随之发现学费贵得离谱。我们当时没有奖学金,作为留学生根本无法负担这笔费用,所以我就回家了。应该说我是极其幸运的,回到奥地利,发现维也纳大学有个"怪人"在教梵文。当时还不知道他是谁,但后来他就成了我的老师——弗劳瓦尔纳教授。仅仅是因为幸运,我遇到了一位好老师!没有机会学习汉文,我就开始学习梵文了。维也纳大学直到1971年才开设汉文教席,但那时我已经写完博士论文了。

其实我后来还是学过一点汉文的,主要是因为当时研究陈那的《因明正理门论》等汉文文献,但是当我转向法称研究的时候,发现根本没有汉译本,也就没有再花时间去进一步掌握这门语言了。因为我有一条原则:只在有需要的时候才去学习语言。既然不需要汉文了,就没有再继续学习。但我坚持学习了日文,这是因为阅读二手文献的需要。众所周知,日本学者在印度学和佛教学的每个领域都取得了让人无法忽视的成就。

当我们谈论汉传佛教研究的时候,首先要区分研究的是汉译印度佛教文献,还是研究佛教在汉地的独立发展。一般说的汉传佛教,都是指后面一种,比如疑伪经、禅宗等宗教成分比较浓的,在中国独立发展出来的佛教。当然这也是非常有意思而且很重要的研究领域,但即使是这些方向的研究也应该同印藏佛学传统结合起来。至于研究汉译印度佛教文献,更不用说其与梵文以及印度哲学等的密切关系,甚至可以说应该属于印度佛教的研究范畴。奥地利科学院和维也纳大学目前没有专门从事汉传佛教研究的人员。宁梵夫(Max Deeg)教授曾经在维也纳大学从事汉传佛教的教学与研究,但他后来去了卡迪夫大学(Cardiff University)。多年前我们就开始试图寻找一位合适的学者,重新设立佛学研究中的汉传佛教教席,因为汉传佛教毕竟是佛教的历史与现实发展中的重要一环。

何欢欢:法称(Dharmakīrti,约 6—7 世纪)及其佛教逻辑学与认识论成为近几十年来国际佛学研究的持续热点专题,无疑应该归功于您四十多年的潜心专研与人才培养。您为什么特别钟情于法称的思想?这一研究在整个佛学研究领域中处于什么样的地位?

斯坦因凯勒:研究"法称",事实上意味着向世界介绍古印度卓越的思想文化。一般来说,在佛学研究内部,像历史、宗教、文学、语言等领域都是基础的门类,大部分对佛教感兴趣的人可能会觉得,哲学并不是其中特别重要的一个分支。在佛教哲学研究内部,也区分出不同的专业方向,比如在佛教思想发展史上有着深远影响的小乘阿毗达磨、大乘瑜伽行和中观等理论学说,其研究往往都被认为比对"量论"(pramāṇa)也就是佛教逻辑学与认识论的研究更为重要。但我最感兴趣的是佛教逻辑学与认识论著作中最常见的"概念提炼""推理辩论"等最具哲学思辨特性的内容,其中很多被反复论证、辩驳的理念不仅对中国、日本等亚洲国家的人们来说有着重要价值,而且也被现代西方国家的人们吸收和发展。

包括佛教哲学在内的古印度哲学有着极为丰富而悠久的传统,佛教逻辑学与认识论的发展比较晚起,一般从5、6世纪的陈那(Dignāga)创立"新因明"开始算起,后来的法称则是引领了整个中后期印度佛教哲学传统的关键人物。法称的学说传入西藏后,被藏族学者继承和发展,创造出了非常活跃而且极具特色的藏传佛教量论思想。如果我们要对整个超过千年的"外来传统"——佛教哲学——进行定位和研究,法称在其中的地位就显得特别重要了。

法称这位印度佛教论师的名字在唐朝就为中国人所知。义净在《南海寄归内法传》中已经有所记载,但遗憾的是玄奘似乎没有提到过法称,也没有任何法称的论著被翻译为汉文。在我看来,法称及其学说从被认识到其重要性,到被广泛学习和传播,再到获得公认的声誉,需要一定的时间。当义净游学印度的时候,法称显然已经是那烂陀寺的一位名人了,那么我们可以推测,即使玄奘没有提到法称的名字,但他所学习的因明理论很有可能已经受到法称思想的影响。有些学者从玄奘翻译的《因明正理门论》(陈那著)以及基师等门人弟子的注释和撰述出发对这一问题进行了一些研究。当然,从现存的文献中我们尚无法真正断定玄奘及其后人,或者说中国的汉传佛教哲学传统是否对法称的思想有所了解,并发生过兴趣。但可以肯定的是,因为没有任何法称的著作在古时被翻译为汉文,印度佛教的逻辑学与认识论主要是通过陈那的《因明正理门论》、商羯罗主的《因明入正理论》(也是玄奘翻译的)等法称之前的论著传入中国的,后人称之为"因明学"。法称对陈那学说的注释与发展,没有在汉地的佛教传统以及哲学和逻辑学传统中留下痕迹,可以说是被汉传佛教遗漏了的一种思想。然而,在藏传佛教中,对法称的关注与研究从印度佛教传入西藏不久后就开始兴起,并且一直持续到现代,藏传佛教僧侣今天还在不断撰写有关法称学说的注释和论著。可以说,法称思想在汉传佛教传承中没有留下什么印记,但在印度佛教哲学传统中则有着辉煌的历史,而且更是作为一种活着的思想与传统仍在不断推进藏传佛教的发展。

何欢欢:您是当代西方佛学界最早与中国接触的学者之一,从20世纪80年代初到现在,多次访问中国,对这几十年来中国的佛学与梵文研究有何印象?

斯坦因凯勒:20世纪80年代的中国学术界,有几位非常优秀的学者,像季羡林、王森、吕澂等等。我去北京访问的时候,见过季羡林教授几次,还去他在北京大学的家拜访过两三次。我在北京也见过蒋忠新教授大概两次,但是我们没有任何合作。我知道吕澂先生的研究,但没有见过面,比较遗憾。

印象最深刻的,是与王森教授的唯一一次会面,那是一次非常感人、让我至今记忆犹新的会面。1984年,我第一次去北京,作为奥地利科学院代表团成员参加了在中央民族大学举办的一次会议,王森教授那时已经得了癌症,身体非常虚弱,他特地从医院出来参加我们的会议,来到会场,坐到我身旁,在我耳边轻轻地说:"罗炤来信说,发现了《定量论》(《量抉择论》Pramāṇaviniścaya)的两个梵文写本。"对我来说,这简直是个不可思议的消息。没过几年,王森教授就去世了。直到2004年,我才知道罗炤的发现仅仅就在我们会面前的几天而已!虽然王森教授的著作大都是用汉文写的,但我知道他在佛教逻辑学与认识论等研究领域做出的巨大贡献,他编的《民族文化宫藏梵文贝叶经目录》也让我们受益良多。

但是,那些年的中国学者人数太少,以至没有可能来真正发展这门学科。但现在的情况就不同了,年轻一代的中国学者成长得很快,已经逐渐在中国的研究机构和大学里获得教职,并有能力从事教学与研究工作。我也有一位来自中国的学生,就是褚俊杰博士(现为奥地利籍),目前在德国莱比锡大学教书。现在是发展佛学和梵文研究的大好时机。中国近年来在梵文以及梵藏佛学研究领域取得的巨大进步,很大程度上要归功于季羡林先生在北京大学和中国社会科学院建立起来的研究传统,但可惜的是这一研究传统一直没有向外扩展。中国当前亟须的是把梵文研究扩展到全国各地去,而不是局限于北京。目前上海、香港等地的梵文教学已经有了一定的发展,不过其他地区,如拉萨,仍然没有开展梵文研究的条件。

我是一个局外人,但据我所知,合作研究恐怕是中国内部的一个主要问题。与欧洲、日本不同的是,在这个极为狭小的圈子里,中国学者的梵文研究没有以相互合作、相互扶持的方式来获得发展。哪怕同样是在北京的研究机构,相互之间都很少有合作,这是很可惜也很遗憾的。我不知道为什么在中国会出现这种情况,但我有一个哲学性的猜想:传统中国是一个农业社会,大家以围墙驻守自己的小房子,这就是家庭,是他们对生活的基本感受。那么,在同一围墙内的、同一研究所的人就属于同一个家庭,外来者则与这个家庭无关,所以如果想与外面的人合作就需要打破围墙。不管出于什么样的原因,事实就是很少有人进行合作。我无法想象或者说无法相信北京大学、中国社会科学院、中国藏学研究中心的梵文研究人员都有着相似的背景与学术资源,却几乎没有合作研究。我所知道的唯一的合作研究就是最近北京大学与中国藏学研究中心发现他们藏有同一梵本的不同残片,于是两位从事这一写本研究的学者共同发表了合作研究成果,这次合作是一个特例,当然这也意味着至少某种形式的合作研究是可能的。拥有相同资源的研究机构、掌握相似语言的研究人员应该相互合作,但这在目前中国学界似乎还是不太可能。我这么说并不是批评中国学者的个性或者中国学界的体制,而是说这是一种传统与历史的习惯,也就是我说的可能源于中国农业社会的特性吧。

何欢欢:保存在西藏自治区的梵文写本(包括贝叶和纸本等)不仅是珍贵的文物与文化遗产,对佛学研究来说更是有着特殊的重要价值与意义,但目前已进行的研究还很少,大部分学者都难以获取所需的资料,您是如何打破中国的"围墙"实现对这种稀缺资源的"突破性"合作研究的?是否有更长远的合作计划?

斯坦因凯勒：1984年,利用作为奥地利科学院代表团成员访问中国社科院的机会,我向社科院递交了《一份关于西藏寺院佛教梵文写本的备忘录——历史背景与研究提案》(A Memorandum Concerning Buddhist Sanskrit Manuscripts from Tibetan Monasteries——Historical Background and Proposals for Research),试图寻求合作研究这些梵文写本的可能途径。然而,不知道是不是正因为这份备忘录,中国方面马上意识到了这些写本的重要性,随之而来的结果就是我们试图寻求的合作研究被完全否决了——中国学者发现这些后来被称为"文化遗产"的梵文写本从来没有被记录过,他们既不知道一共有多少写本,也不知道写本中都有些什么内容。这些从未被系统研究过的、作为文化遗产的梵文写本从此就不再对学者尤其是外国学者开放了。

20世纪六七十年代,王森先生对1961年从西藏运至北京民族文化宫图书馆保存的梵文写本进行了初步研究,编写出《民族文化宫藏梵文贝叶经目录》。1983到1985年,罗炤先生对保存在布达拉宫、罗布林卡等地的梵文写本进行了编目。虽然有了这两部重要目录,但从其中反映的条目描述、文本识别等情况来看,在那个年代这些梵文写本并没有被真正准确而科学地记录下来。直到2006年,中国政府启动了一个将西藏自治区所藏全部梵文写本进行识别、扫描和编目的巨大工程项目,这一普查工作直到 2011 年底才告完成。这些梵文写本,包括贝叶和纸本,现在是安全的。不仅是中国的学者,所有外国学者和学生也对这些梵文文献能够得到如此良好的保存感到十分欣喜和兴奋。

事实上,早在 20 世纪二三十年代,从罗睺罗(Rāhula Sāṅkṛtyāyana, 1893—1963)、图奇(G. Tucci, 1894—1984)探访西藏开始,我们就知道西藏地区还保存有珍贵的佛教梵文写本,西方学界此后在佛学研究领域取得的重大成就在很大程度上都依赖于罗睺罗、图奇等人当年探访西藏时获得的梵文写本。西方学者对佛教梵文文献的热情与兴趣一直保持至今。但是,从"二战"到中华人民共和国成立,以及后来第十四世达赖喇嘛出走、"文化大革命"等等历史原因,在很长一段时间内,没有人认为我们还有可能再获得那些珍贵的梵文资料。我了解到一些关于西藏梵文写本的"故事",但不一定准确,比如说:

1959 年,夏鲁寺的梵文写本已经转存到了布达拉宫。

1961 年,有大约二百五十卷写本,包括贝叶和纸本,从西藏运至北京民族文化宫图书馆保存。

1962 年及其后的一段时间,为了不被"红卫兵"破坏,西藏自治区筹备委员会负责把除了萨迦寺等个别大寺以外的各地寺院的梵文写本都集中到拉萨保存,大部分存放在布达拉宫,小部分存放于罗布林卡,后来有一部分转存到了 1984 年成立的西藏自治区档案馆。

1982 年,印度外交部向中国外交部提出了希望中方报告梵文写本现状的请求,但是没有得到中国外交部的回应。

1983年,时任西藏自治区政府主席的多杰才旦先生请罗炤先生负责给保存在拉萨的梵文写本编目。

1985年,西藏社会科学院向北京提交了关于在拉萨建立梵文(贝叶)写本研究中心、培养人才并进行研究等的建议,当时得到了有关领导的肯定批示,但可能由于这一年前后自治区政府官员的调整等各种原因,这项建议在没有任何执行的情况下就不了了之了。

1986年,多杰才旦先生离开拉萨到北京创办中国藏学研究中心,原计划在拉萨建立的研究所最终在北京成立了。多杰才旦在中国藏学研究中心的研究计划报告中把西藏梵文贝叶写本研究列为重点研究项目之一。

1987年,在多杰才旦的领导下,中国藏学研究中心把经过罗炤编目的那部分梵文写本都进行了拍照,微缩胶片目前只保存于此。

1993年,除了留下三部样品外,保存于北京民族文化宫图书馆的梵文写本被全部运回西藏,存放在拉萨的西藏博物馆。

……

这段历史还需要中国今后的藏学家、梵学家和历史学家来梳理和记述。

直到中国的"文化大革命"结束,我们中的有些学者才重新开始考虑如何获得西藏的梵文写本进行研究。比如,1984年我向中国社科院递交了备忘录;1991年我与瑞士洛桑大学的布荣克侯斯特(J. Bronkhorst)教授、德国汉堡大学的施密特豪森(L. Schmithausen)教授一起写信给拉萨文物管理局;1991到1993

年间,布荣克侯斯特教授与同是洛桑大学教授的提勒曼(J. Tillemans)一起与北京、拉萨的政府官员和学者进行商谈;1996年,我与奥斯陆大学的颜子伯(J. Braarvig)教授给拉萨市和西藏自治区政府寄送了一份《关于保存和研究西藏梵文贝叶经的合作计划》。我们的这些积极努力都没有获得回应。但是,在此期间,日本大正大学却是个例外。大正大学与中国的有关机构达成了协议,其研究团队在20世纪80年代就被允许进入北京民族文化宫图书馆,对所藏梵文写本进行研究。他们在1994年首先出版了梵文《声闻地》(Śrāvakabhūmi),更于1999年出版了轰动一时的梵文《维摩诘经》(Vimalakīrtinirdeśa)。大正大学综合佛教研究所还成立了不同的专题研究小组,对取自西藏的梵文写本(照片和复印件)进行了大量的深入研究。坊间传言还有些珍贵写本的复印件已经流传到了国外。

维也纳方面,直到2002年11月,我们多年的努力才终于获得了"突破性"的进展:与中国藏学研究中心的合作开始进入实质性阶段。到目前为止,好像只有我们成了唯一的幸运儿,因为只有我成功说服了北京以及西藏自治区的官员、学者,与奥地利科学院展开正式、有效、可控的合作研究。2004年1月,奥地利科学院亚洲文化和思想史研究所与中国藏学研究中心正式签署了《中国藏学研究中心和奥地利科学院关于合作研究梵文文献和共同出版研究成果的协议书》,其中虽然规定我们不可以复制或影印任何梵文写本资料,我们只被允许在中国藏学研究中心图书馆查看这些梵文写本的复制品,但这已经是巨大的进步了!合作研究的最终成果《西藏自治区梵文文本系列丛书》由中国藏学出版社出版,目前已经出版的有:《法称〈定量论〉第一章和第二章》(斯坦因凯勒校注,2007)、《世亲〈五蕴论〉》(李学竹、斯坦因凯勒校注,2008)、《月称〈金刚萨埵成就法〉》(罗鸿、苫米地等流校注,2009)等十六种专著。

  与中国藏学研究中心展开官方合作之前,确实已经有一些梵文写本复印件通过各种渠道汇集到我这里来,寄送写本复印件给我的人大部分都是匿名的,因为他们不想有任何麻烦。我知道这些写本大都是经由非官方的渠道流出中国的,其实是一种"犯罪",因为这些资料要么是偷出来的,要么是私自复印的。我并不想了解这些资料到底是从哪里来、是如何进入西方和日本学界的,我只想告诉所有人,我们会研究这些资料,而且我们将与中国藏学研究中心进行合作,共担风险来从事这项工作,最后在中国出版这些文献资料的研究成果。这也就是我常说的"把这些梵文写本送还给中国"的态度,是我的一个原则。让那些送给我们资料的人感到欣喜的是,他们不再会有麻烦了,因为我们研究这些资料后,最终会将它们送回中国。当然,这些经由非官方渠道流出中国的梵文写本事实上也是非常有限的,虽然我们仍然有很多工作可以做,但这些有限的资料不足以提供下一代甚至几代学者进行长期研究。目前中国政府已经保存、扫描、印制的梵文写本资料的数量极为庞大,而且绝大部分是从未公之于众且极具学术研究价值的珍贵文献。所以,我们目前与中国藏学研究中心的合作研究只能是开端而不是终结。我希望,已经复制、扫描、影印完成的梵文写本能够在不久的将来提供给世界各国学者进行研究。

我曾经在中国藏学研究中心的一次会议上发表《西藏自治区梵文手稿的管理模式及学术性处理方面的策略》（载于会议论文集 *Sanskrit Manuscripts in China*，中国藏学出版社，2009）一文，就西藏自治区梵文写本的保存与研究工作提出了较为具体的意见和建议，这里就不再重复了。我想强调的是，我们应当在良好的组织下尽快展开对这些文献的研究。良好的组织主要指由学术委员会根据申请来分派不同的写本资料，把特定的写本指派给有特定专长的某一学者或某一团队来进行研究，有组织的研究就不会导致很多人重复同一件工作。我不赞成把梵文写本完全向公众开放，"开放"当然是好的，但是没有组织、不可控的"开放"是不可取的，因为那样的话很多人都会急于研究同一件重要写本，某些不是特别有价值的写本将永远不会有人研究，这对学术研究的发展来说并不是一件好事。最有效的方式是由一个既掌握写本学术价值又了解学者专长的学术委员会来组织研究，把写本交给最适合的人。我知道这不是一种"民主"的模式，但相比"完全开放"后可能产生的负面效果，这应该是一种更为迅速、有效的方法。就世界范围的佛学与梵文研究来说，我们有足够多的优秀学者，可以把各类梵文写本加以分类和组织，把不同的资料分配给最合适的研究人员，而"完全开放"很有可能会导致"一桌子肉扔给一群狗——狗咬狗"的恶劣局面。所以，我希望形成一种由中国政府主导的、由专业学者组织的、学术上可控的研究管理模式，这样学者之间的交流与合作将会变得更加容易，一定程度的统筹与调控对于这种稀缺资料的研究应该是必需的。

目前最主要的问题,也是我想向中国有关研究机构提出的一个问题是:这些经过数字化扫描的梵文文献已经印制了五份,被很好地保存在北京、拉萨等地,但目前无人可以查看、研究。第一步的保存工作已于2011年完成,第二步的研究工作何时展开,将以什么样的形式进行?我们从事的梵文写本研究以扫描的图像或复印件为研究对象,没有人想要以作为文物的梵文写本的原件为研究对象。用来研究的梵文写本仅仅指写在各种载体上的包含梵文内容的文字信息和文本资料,而不是具有文物价值的载体本身,如贝叶、桦树皮、纸张等。就我见到的一张照片来看,那些已经扫描、印制完成的梵文写本内容是极富学术研究价值的,我们都在热切等待着这些写本能为研究者利用的那一天,期待着以梵文写本为聚点的佛学研究新时代的到来。

更重要的是,在中国只有汉族地区有持续的梵文教育和研究传统,尤其是近年来培养了一批年轻的学者。西藏地区没有梵文学者,我知道有些藏族学者学习过梵文,但在藏地从来没有人成为能够真正从事梵文研究工作的专家。不仅如此,即使藏区有梵文学者,他们也应该和汉族梵文学者,甚至同奥地利的梵文学者来进行合作研究,不能只是自己干守着写本而无所钻研。众所周知,17世纪后的西藏地区再也没有出现过梵文学家。藏学家不是梵文学家,这在西方也一样,很多藏学家并不通晓梵文。要培养能够胜任梵文写本研究工作的专家,除了语文学和方法论上的训练之外,还应要求他们具备相当广博的知识,就写本的不同内容进行专门学习,解读大乘经论、密教典籍、文学语法、占星术等等不同类型的宗教、哲学文本都需要掌握一定的专业知识。

　　中国政府应该知道藏族自身目前尚没有足够的能力去学习和研究自己民族传承的世界文化遗产。问题是如何鼓励和推动优秀的汉族（汉地）学生、学者以学习和研究的方式来尊重并发扬藏族乃至全世界的文化遗产。汉族（汉地）学者有这个责任和能力去研究梵文写本，在这方面藏族学者目前还无法与之相比。总体来说，为了谋生，藏族学生恐怕还得花更多的时间学习汉文、英文，还不一定能顾得上学习和研究梵文写本这一他们世代相传的文化遗产。

　　需要指出的是，面对只保存在中国的、规模巨大的梵文写本等佛教文献的研究工作，中国学界目前最大的问题和困难仍然是没有足够的研究人员来承担这项重要事业。所以，我的建议是，首先必须培养中国自己的专家，不论是汉族还是藏族，或者其他少数民族，否则只能依靠与外国学者的合作。虽然国际合作无论何时都是必需的，但是中国学者之间的相互合作有其特别重要的意义，目前掌握梵文等语言并能够以此进行佛学研究的中国学者还是太少，应该尽快培养更多的梵文学者、佛教学者。另一方面，即使中国培养了足够多有能力处理这些文献的学者，也不应该采取关起门来研究的方式。根据我们的经验，在梵藏佛学尤其是梵文写本研究领域，国际合作是必需的，很多问题需要拥有不同背景与知识传统的学者们的共同合作才能更好地解决。

　　我上面谈的问题不涉及"民族主义"，学者之间的"民族主义"争论是愚昧的、无意义的。我关心的只是文化遗产、文化信息或者说语文学意义上的文本及其研究。我不关心政治,但我认为只有良好的政策支持才能更好地保护和研究少数民族的文化遗产。只有当这些源自印度而保存在西藏自治区的梵文写本重新回到研究领域,才能体现出其作为伟大的世界文化遗产的价值,不然只能继续成为被埋没的、无意义的故纸堆。我衷心希望拉萨和北京的相关领导能够找到打破僵局的办法,推动对保存在西藏自治区的梵文写本的学术研究。

日本的佛教研究
——与斋藤明教授的对谈

【**笔者按**】斋藤明（Saito Akira），1950年生于日本东京，现为东京大学名誉教授、国际佛教学大学院大学附置国际佛教学研究所所长，曾任国际佛教研究协会（IABS）理事、日本印度学佛教学会理事长（2008—2014）。师从高崎直道、狄雍（J. W. de Jong）等著名学者，既有日本传统的佛教情怀与治学精神，又通达欧洲的学术理念与研究风格，是当代日本佛教学界最具代表性的杰出学者之一。

2007年，我在北大学习《中论》的时候，读到了斋藤明教授的英文博士论文《〈佛护中观注〉研究》（*A Study of the Buddhapālita-Mūlamadhyamaka-vṛtti*，澳大利亚国立大学，1984），遂萌生了跟随斋藤先生学习中观的想法。彼时，恰好一起在北大读博士的了意法师（台湾灵鹫山）有位师弟在东大跟随斋藤教授念博士课程。（到了东京后才知道，这位法名"大田"的师兄，其实就是翻译平川彰著《印度佛教史》的"庄崑木"。）在大田法师的引荐下，我通过邮件向斋藤教授求教了《无畏疏》等梵藏中观文献，并初步确立了博士论文的研究对象为《中观心论》

与《思择焰》。2008年,我在国家留学基金委奖学金的资助下,顺利赴东京大学留学,成为第一位"公派"东大联合培养的文科生。自此,与斋藤教授结下了深厚的师生之缘。

从一开始只能用英语交流到英日混杂,再到纯日语对话,我先后留学日本近六年,不仅学习了中观等专业的佛学知识,亦对日本这一佛教国家之传统与现代有了深入体察,于我有着多重丰富的意义。2015年初,我作为日本学术振兴会外国人特别研究员再次负笈东瀛。于是,在煮酒赏樱之际,就自己几度留学所见所闻、日本佛教及其研究的历史与现状等的疑惑和思考,向斋藤教授请益。先生知无不言、言无不尽!前后一个多星期的几次对谈,既像是聆听恩师授课,又像与国际同行切磋论辩,在与印、藏、汉、巴等不同佛教传统的对比中,深入探讨日本佛教及其研究的独特之处。谈话内容随后由我整理并译日为汉,首发于《东方早报·上海书评》(2015年5月17日)。

何欢欢:对很多中国人来说,一提起日本的宗教与传统文化可能首先想到的是神道教,而您却说日本是一个佛教国家?

斋藤明:中国人对日本神道教的认识可能主要受到了"二战"和其他一些政治因素的影响。但是,"二战"期间宣扬的带有浓厚"民族主义"或"军国主义"色彩的神道教只是在特定的历史时期被利用了而已,流行的时间非常短,并不是神道教的本来面目。中国人听说最多的"靖国神社",其前身是"东京招魂社",始建于明治初期(1869年),是用来祭祀战争中死去的士兵的,但它的特殊象征地位是在"二战"前后才被刻意强化,被刻意带入公众视野的。

"二战"以前的神道教和佛教一样,只是一种宗教信仰。日本全国各地有很多大大小小的佛教寺院和神道教神社。神道教主要崇拜祖先以及山、水、树等自然神,还与村落聚居地的祭祀、庆典活动有关。我们现在经常能看到的"祭"(日本传统节日),很多都是从神道教的祭典活动演化而来的。神道教的神以前是山上的山神、树上的树神等等,没有固定的供奉场所。神社本身是后来受到佛教寺院的影响才形成的,但也保留了神道教自身的特点——神社中不供奉实体的神像,只是有时放一面镜子或者什么都不供。这是与供奉佛菩萨之实体造像的佛教寺院的一大区别。

祖先崇拜(敬祖/祭祖)在日本很流行,佛教和神道教在这方面是相互合作而不是相互排斥的,最明显的特征是神社与寺院常毗邻而居。这早已是日本人宗教信仰的常态,"二战"前后如此,现在也没什么大的变化。比如,新年的时候,有些人喜欢去神社祈祷平安,有些人则喜欢去寺院许愿吉祥,而大多数人其实是神社和寺院都去,多一份祈愿,多一份心安。

再如,现在越来越多的年轻人即使不是基督徒也喜欢去教堂举办婚礼,也有不少人选择传统的形式在神社结婚。可以说婚礼的场地与仪式是越来越自由化了。但是,人之为人的最后也是最重要的一项仪式——丧仪葬礼——还是延续了固有的传统,一般都在佛教寺院进行。单从这个角度讲,和大多数日本人的生命最直接相关的是佛教,而不是神道教,也不是基督教等其他宗教。

事实上，一般的日本人和佛教发生直接关系大多只是在葬礼上和扫墓时，丧葬仪礼完成之后，把亲人的骨灰、墓碑等安放在寺院，由僧侣来做日常的管理与护持。这一制度或者说传统其实是佛教与社会联系最紧密的一个方面，也是保证日本的佛教与佛教学研究能够持续发展的最重要因素之一。而且，今后的佛教与佛教学是否还能一如既往地保持活力，也与这一制度或传统如何延续息息相关。

寺院僧侣对民众"身后大事"的主管并不直接来源于印度佛教或中国佛教，而是由几个不同时期的日本政府主导出来的结果。江户时代早期（17世纪），基督教在日本的传播越来越广，当时的日本政府（德川幕府）逐渐意识到基督教的传教对统治和社会具有很大的危害。除了官方禁止传教以外，德川幕府更是利用佛教来排挤规模越来越大的基督教，其中最直接的手段就是利用寺院来管理民众，尤其是控制散居在农村的人口，以此来抑制基督教的传播。当然，暗中的传教活动难以完全消除，如九州地区的基督教传播就一直没有中断。

随后，德川幕府开始在每个村子修建佛教寺院，通过控制这些寺院来控制民众。这是我们现在看到日本全国各地有如此多寺院的一个重要原因。每个人都属于特定的寺院，只要把祖先的牌位安放在寺院，寺院就可以开具证明说这个人不是基督徒而是佛教徒等等。寺院还负责保管檀家（信徒家）的"过去账"（鬼录家谱），发放通行证、结婚证等文书证件。这就是一般所说的"寺檀制度"或"檀家制度"。与此同时，佛教寺院也承担了一定程度的基础教育，我们称之为"寺子屋"。所以，在江户时代，日本的佛教就已经非常社会化了。

明治政府强调天皇的中心地位,宣扬国家神道,发起了"废佛毁释"的运动,很多佛教寺院遭到了破坏,但同时也激起了佛教界强烈的危机意识,促成了各大宗派的积极改革,实际结果是促进了日本佛教的新发展。1890年,明治政府在制定宪法的同时也制定了旧民法,其中的"家督相续"规定户主由长子继承,同时允许一般民众使用姓氏,这样就确立了"家制度"——世代相传的家族。这一规定极大地巩固了佛教寺院的"檀家制度",确保了民众对所属寺院的责任义务是代代相传的。同时,明治政府还"允许"(某种意义上是"强迫")僧人"肉食妻带",也就是佛教僧侣可以吃肉、娶妻,不再是传统意义上的"和尚""出家人"了。从理论上讲,僧侣的世俗化和世袭化可以保证寺院对民众今生来世的经营管理永不断代,也就可以保证佛教的持久发展。一般来说,一个寺院管辖约三四百户檀家就可以维持日常活动。基于这样的体制,佛教在从明治时期到"二战"之后这样激烈变化的社会环境中,不但没有衰落,反而获得了比较安稳和良好的发展。

"二战"之后,日本修订了旧民法,不再规定户主由长子继承,但"檀家制度"所形成的模式至今仍是维系寺院与民众关系的最基本、最直接的方式。然而,现代社会很多人离开家乡来到东京、大阪这样的大城市,尤其是年轻人对寺院和祭祖活动越来越不感兴趣,不再很好地对当地的所属寺院尽义务。那么,寺院就会因为信徒支持不力而出现经费不足等问题,再加上后继者乏人(如住持的独子在大城市从事其他职业,不愿回到乡间寺院继承祖业),这些佛寺就难以继续很好地维护"檀家"的祖先牌位或坟墓,甚至难以开展一般的日常祭祀活动。这是高龄化、单身化、少子化等等社会问题给寺院和佛教的发展所带来的巨大挑战与危机。尤其是那些规模较小、几乎完全依存于"檀家制度"和法事法务的村落寺院,近十几年来衰落得相当严重。当然,对像东京的浅草寺、京都的金阁寺和银阁寺这样旅游收入很高的大寺院来说,不存在这种危机,因为他们早就不再以"檀家"为生了。

总体来说,当前的日本社会,佛教徒大约占了总人口的百分之八十以上,佛教的社会影响力要远大于神道教。仅从传统文化的角度讲,佛教深入文化与社会的方方面面,不了解日本的佛教,就不可能真正理解园艺、茶道、歌舞伎等传统文化,也不可能真正理解日本人的思想与行为处事。

从学术研究的角度来讲,佛教研究也要比神道教研究强盛得多。神道教的研究规模很小,甚至都小于在日本的基督教研究。日本只有两所专门从事神道教研究的大学:东京的国学院大学和三重县伊势市的皇学馆大学。出现这种情况的主要原因是,神道教本身的理念或哲学思想相对于佛教、基督教来说都单薄不少,也不是很系统化,难以保持深入且有意义的研究。而目前大约有五十多所大学开设佛教课程,一直以来都有不少学生以佛教学为专业。日本印度学佛教学会现有会员两千三百多人(包括少量外籍会员),是全国人文社会学科中规模最大的学会。这一研究规模并不表示日本有很多职业的和尚与尼姑,而是说佛教学研究和佛教传统一样,在日本有着相当不俗的人气和影响力。

何欢欢：日本的佛教学术研究是从什么时候开始的？

斋藤明：佛教在6世纪经中国、朝鲜传入日本。一般认为佛教的学术研究是由稍后的空海大师（774—835，真言宗初祖）开创的。当然，现代学术意义上的佛教学研究是由大谷大学的南条文雄教授（1849—1927，净土真宗僧侣）、东京大学的高楠顺次郎教授（1866—1945，净土真宗僧侣）、大正大学的荻原云来教授（1869—1937，净土宗僧侣）等学者留学欧洲后，引入语文学等西方的学术理念与方法，再与日本传统的"宗学"和汉文教育相结合而形成的。

明治维新以前的佛教学研究基本都是宗派教义研究，也就是传统的"宗学"。学习的内容主要是汉译佛典、汉地祖师的著述以及日本宗派圣人的撰述——亲鸾、法然、道元、日莲等大师的著作。例如，天台宗的"宗学"是天台学，包括中国的天台学（"五时八教"等基本学说）和日本的天台学。

在引入欧洲的学术理念与研究方法之前，江户时代末期，以慈云尊者（1718—1805，真言宗僧侣）为代表的一些优秀的学问僧，具备一定的梵文知识，有很好的历史敏感性，开始提出佛教的历史发展与史实证明等问题，批判了传统宗派教义研究中的一些教学观念。日本学问僧的这种自我反省与探寻，在某种程度上也可以称之为具有现代学术意义的佛教学研究。

最早在现代国立大学里教授佛教学的是村上专精（1851—1927，净土真宗僧侣）和木村泰贤（1881—1930，曹洞宗僧侣）。

村上教授是东京帝国大学(现东京大学)"印度哲学"教席的第一代教授(1917—1921)。木村教授则早在1912年就以讲师身份代时任东京帝国大学梵文学教授的高楠顺次郎开设"印度哲学宗教史"课程,1918年任助教授,1920年赴欧美留学,1923年回国后升任"印度哲学"教授。木村教授才华横溢,被公认为最优秀的学者,当时推选他为校长的呼声很高,可惜他英年早逝。随后,木村教授的同门师弟宇井伯寿(1882—1963,曹洞宗僧侣)接替了这一教席。相比之下,木村教授的研究的哲学思辨与宗教关怀要比宇井教授强一些。但宇井教授有着非常强烈的语文学情怀,而且研究领域非常宽泛,是他一手建立起了我们这一学科的基本方法论——以语文学(Philology,日语:文献学)为基础来研究佛教。

京都大学稍晚于东京大学设立了佛教学专业。"二战"前,不仅东京大学、京都大学这样首屈一指的国立大学,其他几所"帝国大学"——现在的东北大学、名古屋大学、大阪大学、北海道大学、九州大学——也都相继设立起了佛教学专业。同时,大谷大学、龙谷大学、佛教大学、花园大学、高野山大学、驹泽大学、大正大学、立正大学等等由佛教团体创设并支持的传统佛教系私立大学也开始"增设"以学术研究为主的佛教学专业。

说"增设"是因为在国立大学建立佛教学专业之前,大谷大学、龙谷大学等私立大学都早已有了自己的佛教研究传统,但这和现代学术意义上的佛教学专业不同,只是前面提到的传统的"宗学"。例如,禅宗教学历史悠久的驹泽大学,其前身是"曹洞宗专门学本校",他们的教学内容主要是宗教性"宗学"。明治维新后,驹泽大学不仅继续开展禅宗特别是曹洞宗的教学,同时也建立起了"佛教学部",虽然还是与传统的宗派教学有所结合,但更接近现代意义上的学术研究。这些私立大学里的"禅学""真言宗"等传统学部的学生基本都是本宗派的僧侣,但在"佛教学部"则有大量的普通学生,他们对作为学术研究的佛教学感兴趣,而不是宗教职业性的"宗学"。

何欢欢:为什么在正式的学术场合"佛教学"往往都和"印度哲学"并列出现?

斋藤明:我们研究室(相当于中国大学的系)现在的名称"インド哲学仏教学研究室"(印度哲学佛教学研究室)是借了伊斯兰教研究的东风才获准使用的。以前研究室的名称是全汉字的"印度哲学研究室",没有"佛教学"几个字。这是因为直到20世纪90年代,出于对政教关系的顾虑以及平等对待几大宗教的观念,国立大学一直都不允许把单独的一个宗教(如佛教、基督教)作为研究室的名称。但众所周知,"佛教学"才是这个研究室一百多年来的教学与研究重点。换句话说,百余年来,佛教学研究事实上是以"印度哲学"的官方名义进行的。这也是首开佛教学课程的村上专精和木村泰贤的教席是"印度哲学"而不是"佛教学"的主要原因之一。当然,私立大学不受这种限制,佛教宗派或基督教设立的独立院系乃至大学在日本已经有很长的历史了。

20世纪90年代,随着伊斯兰教、伊斯兰文化在全世界的影响越来越大,东京大学提出把有关伊斯兰的研究从宗教学宗教史学研究室独立出来,成立"イスラム学研究室"(伊斯兰学研究室)。当时,印度哲学研究室的主任教授江岛惠教(1939—1999)就提出,既然伊斯兰教可以独立出来用作研究室名称,那么同为世界性宗教的佛教为什么不可以呢?所以,东京大学就同时成立了两个以单一宗教冠名的研究室——"印度哲学佛教学研究室"和"伊斯兰学研究室",而其他宗教的研究至今仍属于宗教学宗教史学研究室。虽然"伊斯兰学研究室"在名称的使用上故意回避了宗教的"教"字,但一说起"伊斯兰"我们首先想到的是作为宗教的伊斯兰教,然后才是广义的伊斯兰文化与思想等等。"佛教学"有时候也简称为"佛学",但我们一般不会去掉"教"字以弱化其宗教性。

我们还把原本的汉字"印度"写成了日语片假名"インド"。这不仅是因为当代日语在涉及外国专有名词时的片假名化趋势,更重要的是,当我们说"インド哲学"的时候指的是作为国家的印度的哲学,与"中国哲学"平行。全汉字的"印度哲学"在日本有很悠久的传统与历史,尤其是国立大学长期以"印度哲学"之名行佛教研究之实。所以"印度哲学"一词往往指的不仅是印度的哲学,更主要的其实是以哲学为核心的佛教学,包括印度佛教和中国佛教等(有些大学把中国佛教归入"中国哲学"学科)。现在既然可以把"佛教学"单写出来了,那么就有必要与传统意义上的"印度哲学"相区别。为此我们采取了一种新式的写法,用片假名和汉字相结合的"インド哲学"来专指佛教以外的印度的哲学,实际上就是指印度正统六派和耆那教等其他学派的哲学。"インド哲学仏教学研究室"这一名称更符合我们研究室的实际教学与研究情况。

在研究室成立百年之际把作为研究主体的佛教放在了研究室的正式名称之中,这给我们的教学研究工作带来了不少便利与好处——没有了"印度"和"哲学"两个限制的"佛教学"涵盖面很广:从地域传播的角度讲,不仅包括印度佛教,也包括汉传佛教、藏传佛教、南传佛教、日本佛教等等;从学科方法的角度讲,不仅包括哲学,也包括文学、历史学、语言学、宗教学、社会学等等。一般来说,经、律、论"三藏"中的论典研究是偏哲学性的,经典研究主要是文学性的,律典研究则需要更多的社会学人类学方法。当然,这些都是互相交错的,只是说侧重点不同而已。

哲学、宗教学、历史学、文学、心理学、语言学、社会学、人类学、艺术学等等分类都是西方学者制定的,这些用于现代的学术研究没有问题,但把这些分类应用于传统的研究或者古典的学问时,并不完全合适,因为很多传统研究和古典学问并不能被这样严格地区分。比如释迦牟尼、孔子、亚里士多德等都不能局限于一门学科之中,而应该是综合性的。佛教学研究不仅仅是传统的以哲学思想研究为主的佛教哲学研究,更是涵盖了与佛教相关的方方面面的所有内容,是一门以佛教为研究对象的综合性学问。

何欢欢:日本有着深厚的佛教信仰和传统的研究模式,在南条文雄、高楠顺次郎等人把欧洲实证主义的语文学、历史学等方法引介入日本的时候,是否遭到了教界和学界的反对?

斋藤明:明治维新时期的日本,不仅在佛教学领域引进了西方的学术体系与思想方法，在自然科学、人文社会科学的所有领域都引进了西方的知识与观念，整个社会都在向西方学习，全盘接受先进的技术与成果。很多欧美学者被邀请到日本来传播科学知识与技术，不仅在大学，更在社会的其他各个层面。日本首先意识到了欧美的强大，在大约十到二十年的时间内向西方学习了大量先进的理念、方法与技术，然后才慢慢开始独立创新。所以，在这一历史与社会背景下，西方的佛教学研究方法在当时几乎是毫无阻碍地被日本学界全盘接收了。

事实上，在南条文雄等人去欧洲学习梵文之前，部分僧人是掌握一定的梵文知识的。也就是说，在西方的语文学方法传入之前，佛教界在一定程度上保持有梵文学习的传统，僧人也可以比较容易地学到一些梵文知识。这主要是因为作为日本密教两大分支的"东密"（真言宗密教）和"台密"（天台宗密教）在很长时间内非常流行，他们都很重视"梵字"的念诵、"曼陀罗"的修行等与梵文相关的内容。虽然这种梵文的传承学习不同于我们现在所称的佛教语文学，但梵文就这样从平安时代的真言宗开始一直流传到了现在，乃至直接影响了日语"五十音图"的创制等等。这一梵文学习传统当然也有助于语文学等"舶来品"在日本佛教学界的传播。

在非常重视实证主义历史学与语言学的欧洲方法论的影响下，日本学者逐渐开始敢于挑战传统观念，提出一些自己的看法。比如，佛教学界引发了一场"大乘佛教"是否为"（释迦牟尼）佛说"的争论，并且成为明治时期一个非常重要的社会话题。在这一争论的过程中，教界和学界开始接受并承认现在看来只是简单常识的一个观念:释迦牟尼时期,没有文字记载,只有口耳相传的传统,不用说大乘经典,甚至连小乘经典也是后来形成的(被创造的)。在此之前,很多僧侣、学者虽然已经意识到"宗学"并不完全可信,但不敢公然挑战传统的信仰与学说——教义由佛陀一人传授是预设前提——如天台、华严、禅宗等各宗经典都出自佛陀本人。而接受了欧洲的语文学、历史学等学术理念之后的僧侣、学者,逐渐形成了一个可以同时用于信仰与研究的基础共识:即使经典本身是后来形成的,但也应该承认经典的内容与精神等都传承自释迦牟尼。

"大乘是否为佛说"这一话题已经不再是现代教界、学界、社会的热门话题,但是由方法论的不同直接导致的思想纷争是很有意思的,值得我们经常回顾思考。明治维新以来,开放的、虚心求学的态度一直被很好地继承着,我想这对学科的发展来说非常重要。

何欢欢:日本的现代佛教学研究,虽然始于向欧洲学习,但很快就从整体上超越了西方学界,原因是什么?日本的佛教学研究有什么特点?

斋藤明:近现代以来的佛教学研究,经过几代人的努力,形成了不少优秀的传统,其特点主要可以归纳为三个方面:

第一,一半以上的佛教学研究是在佛教教团支持的大学和研究机构——比如大谷大学、龙谷大学、大正大学、驹泽大学等等——中进行的。其中大部分仍然是宗派教义学研究,设置在真宗学部、禅学部等传统的院系,主要论证本宗派教义的正当性和至上性。严格来说,这些研究与客观的学术研究有所不同,但受到现代学术研究的影响,也已经有别于传统的"宗学"。这是与现实的日本佛教关系最密切的研究,但很难给这类研究做出明确的界定,大致可以说相当于基督教研究中的"神学"。

以佛教学为专业进行教学研究的职业学者(一半左右的职业学者同时也是僧侣),大多对这类研究持宽容态度。在日本印度学佛教学年度学术大会上,每年都会安排几个独立的研讨小组,供进行宗派研究的僧人、学者引述各派圣人的经典,以公开发表论文的形式论证本派教义的崇高。长远来看,这些宗派研究对我们理解佛教本身是有帮助的,尤其是发表了新材料或者新观点的文章。由于近年来接受大学专业训练的僧侣越来越多,在学术会议上发表布道文章的情况已经比较少见了,大部分都是较为客观的研究。当然,在寺院等其他场合用于传教的宗学研究另当别论。

第二,日本的佛教学研究很好地把西方的语文学与自己传统的汉学(汉文教育)相结合,这一学术范式从明治末期在东京帝国大学建立以来,早已成为佛教学研究的主要方法与模式,这也是百余年来日本的佛教学研究能取得如此重大之成就的关键原因。前面已经讲到,南条文雄、高楠顺次郎等学成后,把欧洲学者建立起来的客观实证的学问体系与方法论引进日本,加上日本学者向来对汉文的重视与充分利用,以及传统中国研究的知识背景,这种融合本国优势与西方长处的做法,使得日本的佛教学者很快就建立起了自己独特的方法论和学术体系。

相比于欧洲学者,很多日本学者都有一种特殊的优势——

传统的汉文学习,虽然掌握程度取决于个人的教育和修养。对日本人来说,梵文非常难学,但汉文就不那么难了。我想东亚的学者都具有这一优势,为什么不好好利用呢?比较遗憾的是,近几十年来日本的汉文教育水平不断下降,如汉文已经不再列入高中必修课程,也不再是大学入学考试的必考科目。随之而来的就是学者、学生的汉文能力逐渐下降,将来可能失去这一传统优势。

在国际佛教学界,目前大部分欧美学者都不再同时掌握梵文、汉文、藏文三种古典语言。欧美学者虽然基本都承认汉文、日文的重要性,但掌握这两门语言对他们来说需要花费的时间太多了,而梵文、巴利文等都相对容易。稍早一些的西方佛教学家,如我的老师狄雍教授(1921—2000),以及施密特豪森教授(L. Schmithausen, 1939—)等都精通梵、藏、汉文。他们那一代的欧洲学者在语言上下的功夫要比现在的学者多,这可能是现在的学者很难超越他们的老师们的一个重要原因。

第三,日本的佛教学研究非常国际化,可以说是人文社会科学领域里国际化最深刻、最全面的一门学科。从国际交流的角度讲,西方历史、文学、哲学等学科一般只是把西方某个特定的思想家或某些理论介绍到日本,而日本历史、文学、语言等学科只是把日本的语言文化输出到国外去,两者都是局限性很大的"单向"国际化。但是,佛教学研究的国际化是"双向"的,我们既引进印度佛教、中国佛教以及欧美各国的前沿成果,同时也向外传播日本的佛教和学术研究。

日本学者长期以来与西方学者保持着非常好的互动与交

流。学生经常去国外留学，我们也接受了很多来自各个国家的留学生。研究室的硕士、博士学生中，留学生数量占到了三分之一左右。对我们来说，出国留学和国际交流早已是非常自然和普通的事情。比如我自己，并没有刻意想成为国际化的学者，在我还是学生的时候，日本佛教学界的国际化就已经相当成熟了，我们只是模仿老师们的经历，在国内学到一定程度就出国跟随欧美的优秀学者继续深造，开阔眼界，这不是需要刻意经营的事情。

一个多世纪丰富的国际交流，促成了日本的佛教学研究长期走在世界的最前沿，这是其他的人文社会学科目前还做不到的。单从这点讲，佛教学研究在日本所有人文社会学科中就占据了特殊的地位。

需要特别指出的是，在以佛教为信仰和文化传统的日本社会，大多数学者关注的是佛教本身而不是梵文和巴利文等语言。而很多西方学者对佛教学感兴趣都是从其他方面进入的，比如梵文与他们的母语间的亲缘关系等等。在西方关心佛教之前，德国、英国就建立起了现代学术意义上的梵文、巴利文研究体系与传统。佛教学是从以语文学为基础的印度学分离出来的，因此梵文和巴利文对他们来说特别重要，在此基础上，才开展对佛教、婆罗门教等所谓文化与思想的研究。在欧洲，绝大多数优秀的佛教学家首先都是印度学家，甚至有些是耆那教专家，同时进行佛教学研究而已，这是欧洲的基本传统。当然，近年来随着佛教在世界各地的广泛传播，也有不少西方学者从信仰出发进入研究。再加上与日本、中国等东方佛教国家的学者、僧侣的直接接触越来越多,欧美的佛教学研究模式也在逐渐发生变化。

总体上讲,日本学者是为了更好地理解佛教,才意识到需要学习梵文、吠陀等印度的语言、宗教、文化的其他各个方面。这是日本学者与没有佛教传统的欧美国家的学者的重要不同,也可以说是日本的佛教学研究的另一个特点。这种关注点与出发点的不同,必然导致学术思想、研究理念以及学术成果的形式、内容、价值取向等等多方面的不同。

何欢欢:东京大学是日本近现代佛教学术研究的开创阵地之一,具体来说是如何把源自欧洲的语文学方法与理念"内化""深化"为自身的治学特色的呢?

斋藤明:东京大学佛教学研究的基本传统是在高楠顺次郎、木村泰贤等教授的影响下,由宇井伯寿教授确立的,即以语文学为基础来研究佛教和印度其他宗教哲学流派。梵文的教学是研究室的特色与标志。

"语文学"用日语来说是"文献学",是以文献为对象的研究,或者说是一种以资料为基础的学问。这种资料既包括书写的文本,也包括非书写的文本。不同的专业以不同的资料为主要研究对象,如文学、哲学、历史学主要使用书写的文本材料,而考古、艺术史等专业的"一手材料"则主要是画像、雕塑等非书写的材料,书写文本可能就成了"二手材料"。

语文学是适用于人文学科所有专业的基本方法论,同时也是一种创造性的工作。语文学和历史学的关系最为密切。以哲学为主的佛教学研究虽然更多地关注思想,但也以文本及其内容为基础。对于佛教学这样综合性的古典学问来说,语文学的功底必不可少。而语文学的基础作用与功能应该通过学习语言来落实。就佛教来说,主要的语言是梵文、巴利文、汉文、藏文。对佛教学研究感兴趣的人,都应该学习梵文。虽然保留下来的梵文写本并不是很多,但梵文仍然是包括印度佛教在内的印度学的基础。同时,即使是为了理解佛教在中国汉地和藏地的发展,我们也应该多多少少理解佛教在印度的样子,至少从这点来讲,不管从事汉传佛教还是藏传佛教都应该学习一点梵文。一旦掌握了梵文,巴利文就简单了。藏文文法在某种程度上与日文比较接近,学起来比梵文容易许多,当然藏文的词汇并不简单。

汉文和藏文是最主要的两大佛教语言,保留的文献最多,而且很多汉译佛典都要早于现存梵文本。鸠摩罗什、真谛、玄奘等译师的翻译都非常可信,这些汉译佛典对学习和研究佛教都很重要。藏译佛典虽然翻译年代较晚,但也同样重要。当我们说"印度佛教"的时候,我们的研究对象不仅是印度的梵文文献,更多的其实是汉文和藏文资料。所以,从事印度佛教研究除了需要掌握梵文、巴利文之外,也应该较好地掌握汉文和藏文。

梵文的学习和运用在日本佛教学界早已普及,甚至越来越多的专门术语都开始使用梵文音译形式的片假名,就像英文、德文著作中直接书写其拉丁字母转写形式,不再使用传统的意译汉字。但这并不是说日本学者很熟悉梵文,恰恰相反,梵文对日本人来说是一门非常难以掌握的语言。只是从明治末期开始,东京大学就开设了梵文课程,经过高楠顺次郎、辻直四郎等几辈学者的传承,建立起了优秀的教学传统,经过一代代师生的努力坚持,才有了现在梵文比较普及的局面。

我二十四岁开始学习梵文和藏文,比大部分佛教专业的科班学生晚了两三年。因为我的本科专业是伦理学,从研究生阶段才正式进入佛教学领域。佛教学研究室的学生一般从本科三年级起学习梵文和藏文,基本都在二十一岁左右。如果学生有特殊的意愿,在本科一年级时也可以学到梵、藏文,但按照学校的教学体制,一般都在第三年由"驹场"(教养学部)转至"本乡"(校本部)后,才开始正式学习专业语言。

我的梵文启蒙老师是原实(1930—)教授,藏文老师是山口瑞凤(1926—)教授。当时(20世纪70—80年代)东京大学的梵、藏文教学方法与课程都已经相当成熟了,老师们开设循序渐进的课程来培养学生。我们现在也以继承传统为主,当然每一代人都有自己的特点和创新。

比如,梵文的入门课程,使用龚达(Jan Gonda,1905—1991)的《初级梵文文法》(*Kurze Elementar-Grammatik der Sanskrit-Sprache, A Concise Elementary Grammar of the Sanskrit Language*),加上铠淳的日文译本(《サンスクリット語初等文法》,春秋社),作为课堂学习的主要教材,同时配合辻直四郎教授编写的《梵文文法》(《サンスクリット文法》,岩波书店)一书。龚达的书后附有练习题,特别适合初学者。辻教授的文法书则非常系统,很符合日本学生的学习特点。现在出版了不少新的英文、德文学习材料,但东大的梵文教材和课程设计一直都没有什么大的变化,因为我们自己的教学传统已经相当完善,多年来也取得了很好的效果。

梵文和藏文的文法课都是一年制的,从零基础开始系统学习一年之后,我们就可以阅读一些基本的文献了。对于印度佛教的研究来说,这两门语言课是基础,非常重要。对日本佛教、中国佛教方向的学生来说,古典日文与古汉文是最重要的,他们只被要求学习一些基础的梵、藏文知识。所以,每个学生不管专业兴趣是什么,都需要学习梵文,但掌握的程度由所学方向来决定。不过,现在我们也在考虑实行了一百多年的"政策"是否需要改变,因为一些本科生已经不愿意学习梵文,觉得太辛苦。作为老师感到很无奈,不掌握一点梵文知识的话,对他们将来从事任何方向的佛教研究都是非常不利的。

中级阶段的梵文课,老师会带着学生读一些原典文献,用两年左右的时间,选读不同研究方向的代表性文本,让学生们接触各种不同文体的内容,达到一个比较广阔的基础阅读面。有时候也会根据学生的兴趣,在一些特定类别的文献上多花点时间,比如阿毗达磨、中观、唯识这几大传统热门方向。

高级阶段的梵文就基本靠学生自己的努力了。不仅在东京大学,日本很多大学都有一个非常好的传统——"学习会"(日语:勉强会)。这是高年级学生组织的学习小组,定时定点,带领低年级学生阅读并讨论他们自己感兴趣的东西,这是同学之间的"教学相长"。很多日本学生比较内向,课堂上不敢参与讨论,有问题也不敢问老师,但是在学习会中就没有那么多规矩。所以,每一代学生都可以从中学到很多知识,而当自己进入高年级的时候也会带领低年级同学一起学习。

何欢欢：您为什么从伦理学专业转向了佛教学研究？大学时期的"学生运动"对您的学习与研究有什么影响吗？

斋藤明：上大学的那几年，20世纪70年代，日本社会非常不稳定，虽然当时的经济蒸蒸日上，但与此同时也出现了很多社会问题。例如东京、川崎等工业较多地区的空气、水污染问题，腐败问题，城市移民以及石油短缺，还有关于"大学是什么"的全社会的激烈讨论。

东京大学的"学生运动"在我念高中的时候就开始了，前后持续了四年左右。最初只是东京大学医学部的职员雇用问题引发的一些内部矛盾，后来扩展到了整个社会。"什么是大学""应该如何建成世界一流大学""已经过多依赖于政府和大型企业赞助的大学如何保持较高的独立性"等等一系列问题也都被提了出来，引起了社会的广泛关注。这些问题一时很难得到解决，学生与教职员们相互抱怨，不断斗争协商。这种"学生运动"随后甚至延伸到高中，包括我曾就读的东京上野高级中学。

高中毕业那年，包括东京大学在内的一些大学甚至由于"学生运动"无法组织人力物力来开展入学考试。所以，我毕业当年没有参加大学的入学考试，而是在家待了一年。一些高中同学参加了其他大学的入学考试，最后去了京都大学、东京都立大学、千叶大学等学校念书。这些同学的理想其实都是考上东京大学，但由于学校暂停招生（中止入学考试）而不得不放弃了。这在现在的日本年轻人看来是有点不可思议的事情。

20世纪70年代初，东京大学有整整两年时间处于停课（罢课)状态。我们文学部也被学生占领了,连院长都被学生们抓了起来。这放在现在的日本社会是不可想象的。有一天晚上,占领院长办公室的学生们不小心引发了一场火灾,这导致我们文学部的大楼至今每天下午六点就必须准时关门,禁止任何人进出。

"学生运动"过后,日本政府通过法律等手段大大加强了对大学的约束和控制,而不是如当年的学生们所愿那样大学获取了更多的独立性和自由度。筑波大学是日本政府为强化管控所建的"榜样"大学,其前身是"东京教育大学"——日本第一所师范大学,最早的校园在东京市中心,后来搬到了现在的郊区。日本政府的文部省(相当于中国教育部)等部门主要通过经济支持和法律条规来控制大学,让大学更多地依赖于政府。比如说,"学生运动"之前,日本政府的警察没有校方的请求和允许是不能随便进入校园的,这是大学独立性的一个标志。但"学生运动"之后,警察就可以随时出入校园了。另外,现在的日本学生大都非常安静,对社会问题也是一副事不关己高高挂起的姿态。大学的各种问题已经不再是社会关注的焦点了。

虽然没有积极参与"学生运动",我也得到了思考和讨论一些社会问题的机会,从这一点来说,"学生运动"对我们这一代人的成长发展是有利的。在那样的时代环境中,对将来的职业当然会有更多的思考。刚上大学的时候,我选择了伦理学专业,每天读三份报纸——《朝日新闻》《读卖新闻》和《每日新闻》,关心国家大事,希望日后能成为一名记者。但我逐渐发现自己并不想过每天追求"新闻"的日子,而是比较喜欢更深入地理解人生和世界,开始对西方哲学、佛教学以及一般意义上的宗教学感兴趣。

以佛教学为专业的学生大多出身于寺院,广义上说都是僧侣,但也有不少像我这样的普通人。在日本这样一个传统的佛教社会,学习佛教向来都不是什么特殊的事情。尤其是"二战"前后出现了"创价学会""灵友会""立正佼成会"这样一些新兴佛教团体,吸引了很多我父母辈的人,这当然也影响到了我对传统佛教和新兴佛教的看法。另外,我不是家中的长子,父母并不在意我将来从事什么样的职业,所以当我选择佛教为专业,从伦理学研究室转到印度哲学研究室时,他们并没有什么意见。

我觉得学习动机对一个人的专业选择来说最为重要。我一开始对镰仓时代的日本佛教最感兴趣,尤其是净土真宗创始人亲鸾、曹洞宗创始人道元、日莲宗创始人日莲三位祖师的思想。因为我想知道日本的佛教为什么会有这么多宗派,而每个宗派又各不相同,净土真宗、禅宗、日莲宗等等是如何发展出来的?要解决这些问题,首先就要学习佛教史,不仅要学习日本佛教史,还要学习中国佛教史和印度佛教史等完整的发展历史。这是我进入佛教学领域的一个基本动机。

可能算是一个巧合吧,当我准备以大乘佛教为基本的学习方向时,正好有一个机会参加了三枝充悳(1923—2010)教授在筑波大学开设的有关《中论》的课程。三枝教授的专业一半是印度佛教中观学,另一半是早期佛教。《中论》是印度佛教中观派祖师龙树(2—3世纪)的主要作品,由鸠摩罗什翻译为汉文后,对中国、日本的佛教都有很大的影响。这部论著的思辨性和逻辑性都很强,不容易读懂,但很吸引我。我觉得通过了解龙树的中观思想,不仅能够往前追溯印度佛教的早期发展历史,也可以向后认识佛教在中国、日本的进一步演变,龙树可以说是佛教发展史上的关键人物。中观学也逐渐成了我学习和研究的主攻方向。作为背景知识的相关内容虽然都需要学习,但我们不可能成为面面俱到的专家,因而只需要对自己最感兴趣的东西进行深入学习就可以了。对源头的追溯应该是有限度的,并不是每位佛教学者都首先需要成为梵文学家或者印度学家。

总之,我对日本社会当下发生着的佛教信仰和宗教现象感兴趣,也对已经成为传统的佛教思想与历史文化感兴趣,大概是这两方面的结合让我在大学本科期间慢慢走上了学习和研究佛教的道路。

何欢欢:为什么几乎每一代日本学者都在编写各种佛教辞典和工具书?

斋藤明:在传统社会,只有佛教僧侣和一小部分知识分子有机会学习佛教的经典文献,一般日本人是不读也读不懂佛教经典的。大部分日本人都可以称为佛教徒,但绝大部分人都不理解佛教的思想。人们定期去寺院,但很可能不知道自己家族所属的寺院是哪个宗派,更不知道各个宗派之间还有很大的差别。比如,有人会说"我记得葬礼上念的是《般若心经》",但他不知道念这部经的不是真言宗就是禅宗,当然也不会知道念"南无阿弥陀佛"的是净土宗或者净土真宗。

这种情况其实体现了佛教发展的一个危机:佛教术语和经

典文献对现代人来说越来越难,越来越多的日本人无法理解佛教的语言和思想,对佛教的亲近感正在逐渐消失,经常会听到很多人一提起佛教就说"好难啊!不懂!"佛教专门术语和现代日语的差别越来越大已经是无可挽回的事实。尤其是单个汉字的术语,如"五蕴"的"蕴"、"四谛"中的"集"等常见词,不经过专门学习几乎是不可能真正理解其含义的。每次在给本科生开设"佛教入门""佛教概论"这样的基础课程时,对术语和专有名词的解释总是比较耗时费力,因为现在很多年轻的日本学生在上大学之前几乎没有机会学习佛教知识。佛教在当前社会环境下的发展问题,会直接影响到学术研究的现状和前景。

现在日本的人文学科已经很少有精神领袖型的学者了。中村元(1912—1999)教授曾是精神领袖之一,他在全社会的影响很大,这主要是因为他用现代通行的词语和表述翻译了很多佛教与印度哲学的经典,研究著述也多是通俗易懂的笔法。很多日本人都觉得中村教授的翻译和研究都非常好读,不晦涩,"佛教味"也不浓。对受过专业训练的佛教徒和职业学者来说,浓重的"佛教味"可能读起来比较亲切,但对大部分普通读者和民众来讲,"佛教味"过浓的现代作品就会与传统经典一样"难读",是不受欢迎的。

作为学者,应该努力想办法解决现代人读不懂经典的问题,不要让佛教越来越脱离社会与普通民众。为此可以做的一项基本工作就是用现代的语言清晰地解释这些已经远离人们生活的词汇和表述。编写辞典与工具书不失为一种既学术又具有普及效果的工作——不仅为同行学者的研究提供便利,也是向大众传授正确的佛教知识。

中村元、长尾雅人（1907—2005）等学者都曾经试图以个人的力量来解决这一问题，但就现在的学术发展来说，学者个人的力量已经远远不够了，而且很多时候不同的学者对同一术语有不同的理解，很难达到一致。所以，我们以团队合作的形式，在日本学术振兴会和文部省的支持下，开展长期的"佛语宝库"（バウッダコーシャ，Bauddha Kośa）项目，对佛教术语进行新一轮的标准化，用简明易懂的现代日语来解释专有名词，并配上中文、英文、法文等，让更多的日本人甚至外国人能读懂、能理解基本术语，让更多的年轻人不再感觉佛教文献是难读的甚至是过时的。

对中国的佛教学者来说，进行学术研究时，在何种程度上沿用或者舍弃古代的术语和表达，要比我们日本学者困难很多。有些名词术语在学术圈内很适用，但普通民众已经读不懂了，可是如果舍弃古代译法，又会使研究失去佛教特色，这也是很多人不愿意看到的。这种取舍当然决定于学者个人的喜好，但我的建议还是现代的翻译与研究要贴近现代的语言和学术界，这样有利于和其他学科交流，才有可能被广泛地接受。当然，学术语言和日常用语之间的协调平衡是很难的，这不仅限于佛教学研究，也是哲学、历史学等等各个人文学科共同面临的问题。只是在日本、中国这样以佛教为传统文化的社会，同时考虑学术的纯粹性和学问的流行度的时候，佛学者们会有更多的顾虑与困惑。

我也在负责编辑出版学术性的普及读物《丛书·大乘佛教》

(全十卷,春秋社),这是继 80 年代平川彰等教授主编《讲座·大乘佛教》(全十卷,春秋社)之后的又一次面向全社会的基础普及工作。这对扩大佛教在当代日本社会的影响、保持学术研究的生命活力是很重要的。"普及"不是"布道",不是越浅显越好,而是要有一定的学术规范和水准,还要随着研究的推进不断地更新知识与理解。

何欢欢：日本有一半左右的职业佛教学者同时也是僧侣,如何处理学术研究与宗教信仰之间的关系?

斋藤明：确实有很多僧侣,或者严格来说是寺院家庭出身的人,在大学和研究所里全职研究佛教、培养学生,东京大学佛教学专业的历任教授一半左右都曾是寺院的住持。现代日本的僧侣与中国的和尚完全不同,虽然也承担着宗教职能,但明治以来"肉食妻带",已经与居士甚至普通人没什么区别了。英语学界越来越倾向于称呼日本的僧侣为"priest"而不是"monk"。中国的和尚则都是"monk",是真正意义上的"出家人"。事实上,有祖业寺产的学者,一般都有较好的经济保障,能更好地投入学术研究这一比较清贫的事业。当然,寺院的责任和义务也会占去他们一定的研究时间。

佛教学研究可以是对释迦牟尼、龙树、玄奘、亲鸾等祖师的研究,也可以是对某一阶段、某一学派发展历史的研究,或者是对中观、唯识等某一具体思想的研究,还有对某一寺院或石窟的壁画、造像等的研究。大部分学者主要从事以书写或非书写的材料为基础的文本/文物研究。即使是被认为宗教性和实践性极强的密教,在日本的学术研究也是以语文学为基础的文本研究。对于佛教特有的戒律与修行等实践性内容,学者至少应该理解这些活动对佛教来说都是非常重要的。而且,应该广义地理解佛教的实践活动,比如念诵"南无阿弥陀佛""南无妙法莲华经"等等都是宗教信仰性实践,不一定非要到寺院里去打坐才算。

每个学者都有自己对佛教、人生、世界的体会与认识,可以称为自己的想法或哲学。但是,当我们写作学术论文的时候,自己的体悟与个人的哲学不应该影响学术讨论的过程与结果。我们可以向别人讲述自己的佛教哲学与实修经验,但不是发表在《印度学佛教学研究》这样的学术期刊,而是在其他的宗教性刊物,或者出版自己的书籍。然而似乎不可避免的是,从长远来看,个人的信仰与修行会影响到我们的学术研究。这可能是佛教学者多多少少都会面临的一种困境。

我不属于特定的宗派,但对佛教很有感情,对佛教的思想与文化也有自己的理解,并且一直在试图深化自己的认识,但我的理解不是抛开文本的凭空想象。作为大学的老师和学者,往往被希望传授知识本身,我们的教学和研究必须以文本、图像、雕塑等等材料为基础,而不是以自己的空想为基础。我们还经常需要根据文本等材料改变自己的一些想法,否则的话,教学和研究工作都将变得没有根基,意义不大了。

一个需要考虑的问题是,佛教学以佛教为研究对象,作为学术研究的佛教学对佛教本身的发展有什么作用或贡献?我们的研究对象和内容是有着两千五百多年历史,并且至今仍鲜活着的宗教,而不是死去的干尸。如果眼看着佛教本身发展不佳甚至逐渐消亡的话,我们现在学习与研究的意义何在?作为学者,不仅要努力从事自己个人的学术研究工作,也要尽可能推动这门学科在学界和社会的良好发展,使之长久,这是一种责任和担当。

藏传佛教研究

——与范德康教授的对谈

【笔者按】范德康(Leonard W. J. van der Kuijp),荷兰皇家科学院外籍院士,"麦克阿瑟奖"(MacArthur Fellowship,俗称"天才奖")与"古根海姆奖"(Guggenheim Fellowship)的双料得主,哈佛大学西藏与喜马拉雅研究终身教授、哈佛大学南亚学系(原梵文与印度学系)主任、内亚与阿尔泰研究系主任。曾任"藏传佛教资源中心"(TBRC,Tibetan Buddhist Resource Center)董事会主席,现任"佛教数字资源中心"(BDRC,Buddhist Digital Resource Center)顾问。2016年受聘为浙江大学客座教授。

"范德康"这一中文名字是已故著名藏学家王尧先生(1928—2015)取的,谐音其荷兰语姓氏 van der Kuijp。范德康教授很喜欢这个地道的中文名字,自称"老范"。1980年起,范德康教授就几乎每年都来中国,从北京到成都、自西安往拉萨,足迹踏遍了整个华夏大地,这位任教于哈佛大学的荷兰裔加拿大籍学者,见证了藏学研究在中国内外的发展变化。

由于范德康教授经常来中国,与许多中国学者有所交流,此前已有数篇介绍其治学经历与学术成就的文章刊载在中国的媒体上,不仅有中文报道,也见诸藏文杂志。而我感兴趣的藏传佛教实在仅仅是范德康教授研究领域中的一小部分——他是我见过的最博学广识、过目不忘的学者——藏语言文字、西藏历史与文学等等自然不在话下,就连梵文与印度哲学、中文与汉学、日文与日本佛教等领域,他也常游刃有余地"玩儿"一番。

除了杰出的学术成就外,范德康教授与吉恩·史密斯(E. Gene Smith)合作创办的"藏传佛教资源中心"(现"佛教数字资源中心"),自1999年起,"已经寻找、数字化、编目和归档了近一千两百万页具有重要文化价值的藏语、梵语和蒙古语作品,同时开发了用来永久保存和广为流通这些文献的尖端技术"。(https://www.tbrc.org)现已是全球最大的藏文文献数据库,很好地促进了包括藏传佛教在内的藏学研究在全世界的传承与研习,是普利天下、惠及子孙的学术公器!

与范德康教授的对谈主要是在2014年夏末,我于哈佛大学、哈佛燕京学社访学期间,但后因工作调动等种种琐事缠身,整理与翻译的工作一直进展缓慢,直到2016年7月24日才正式刊载于《东方早报·上海书评》。

何欢欢:听说您是第一位进入北京民族文化宫研究藏文写本的外国人?

范德康:应该是的。1990年,中国藏学研究中心代表团访问了我当时任教的西雅图华盛顿大学,然后双方就建立了联系。1991年,中国藏学研究中心举办国际会议,邀请了包括我在内的五六位外国学者参加。会议主要围绕古代西藏社会问题展开了一些现在看来不太合理的批判,但我印象最深刻的是王尧与王辅仁(1930—1995)两位先生就一些书稿的著作权问题进行了较为激烈的争吵。会后,中国藏学研究中心组织与会代表参观北京民族文化宫博物馆,那时我就注意到民族文化宫保存着大量梵文、藏文写本等资料。

回到华盛顿大学之后,我立即申请了研究经费,于1992年夏天再次来到北京,在中国同事的介绍下,结识了民族文化宫图书管理方面的负责人与工作人员。出乎意料的是,他们对我非常友好,允许我在里面查看各种珍贵的藏文、梵文写本。就像进入世界上任何一座公共图书馆一样,我可以自由地在民族文化宫里查找资料、研究文献。后来我才意识到,这很可能因为我是第一个向民族文化宫提出查阅与研究请求的外国学者,而管理人员事实上并不清楚应该如何处理这种"外交事务"。

1992年的整个夏天我都泡在民族文化宫里,1993年夏天也同样。前后一共六个月时间,每天从早上开门到傍晚关门,我一个人在民族文化宫查阅、记录资料,还为一些特别重要的写本照了相。两个夏天的时间,我看到了无可计数的文献,大部分是我从未见过的,很多甚至从未听说过。这些资料主要是20世纪60年代初,为了防止遭到"红卫兵"的破坏,由周恩来总理下令从布达拉宫、哲蚌寺、萨迦寺、那塘寺、色拉寺、扎什伦布寺等藏区寺院收集运来北京的。从书写形式来看,主要有:藏文写本、藏文刻本、梵文贝叶经、藏文贝叶经,还有少数其他语言文字写成的资料。"贝叶经"就是写在桦树等树皮、树叶上的文献,在民族文化宫,我第一次见到了极其珍贵的古代藏文贝叶经!

每天都在发现新东西,每天都很兴奋。就像一个迷失在糖果店的小孩,那是一种从未有过的、不可思议的、不可想象的场景。毫无疑问,这段经历塑造并成就了我的学术、改变了我的人生。如果没有看到那么多珍贵的写本的话,恐怕无法取得后来的成绩。

我几乎是当时唯一一位在民族文化宫查阅资料的外国人,可以说在那里工作时间最长、接触写本最多。直到1993年夏天准备离开前的最后一个星期,日本大正大学的几位学者前来拍摄了一些梵文写本的照片。有意思的是,他们不太愿意和我说话,基本无视我的存在。

在1992年和1993年的两个夏天里,我还遇到过几位藏族学者前来查阅写本资料,比如中国佛教协会的土登彭措,还碰到过一些藏传佛教喇嘛来借阅文献。但遗憾的是,没有看到一位汉族学者来查资料、做研究。后来有一次问起中国最优秀的藏学家陈庆英先生,为什么不研究民族文化宫的写本时,他非常惊讶于我居然可以在民族文化宫看梵、藏文写本,因为他作为中国人却不被允许——不能在民族文化宫内的图书室查阅,更不用说像外国人一样拍成照片带出来!这事在我看来有点不可理解。听说王森先生对民族文化宫所藏梵文贝叶经进行了编目,但我没有见到过王先生。

我是非常幸运的。1993年夏天,还从拉萨来了一些官员学者,他们收集整理写本,打算运回西藏。我在图书室里查资料,有时他们进来,我抬头跟他们打招呼,但人人都面无表情,不跟我说话。我觉得奇怪的是:他们怎么会对一位正在阅读自己民族文字的"白人"毫无兴趣?——在那个"白人"并不多见的年代。如果换作我看到藏族人在读荷兰语的话,我会很好奇,一定会过去问这位与我长得如此不同的东方人为什么会对我的语言文化感兴趣。但是,在民族文化宫里,没人关心我在看什么、为什么看。后来的几个星期,几乎每天都遇到这些看似官员又像学者的人在收集、整理写本。据说,不久后那些梵、藏文资料就不再对外公开了。再后来,就听说它们被运回西藏了,存放在西藏博物馆等地,似乎再也没有真正对外开放过。

何欢欢: 您的兴趣和关注点主要在写本等文献资料,可以说这是一种语文学的研究路数吗?

范德康: 我所从事的藏学研究,通过阅读文本来理解文化,包括各时期的历史差异与特定历史时期的文化差异。在我看来,语文学是任何有关文本的研究的基础,但我的研究要超越所谓"文本批判"与"文本构建"。当然也有人并不喜欢这种超越。

有很多专著和论文讨论什么是语文学,但要描述语文学是什么并不容易。可能就这一术语的一般定义来说,我比较赞同这种说法:语文学是对文本的研究,通过这种研究来理解文化。

我自认是"语文学家",但所做的工作要远多于语文学。我对文本的流传历史及其社会影响等等更感兴趣。也就是说,我关注的重点在于:文本是如何流传的,当时人是如何接受这些文本的,在特定时代场景下的重要文本如何以及为何对后来产生了影响或者没有影响。

语文学从根本上讲处理的是"文本批判",比如有十个不同的版本,研究者需要注明所有的异读,同时给出正确读法的建议,从而制作所谓"精校本"。其实我对这种基础语文学不是很感兴趣。这仅仅是基础,必须要远远超越,绝不能停留在文本校勘的阶段。有个很好的德语词"Tradierung",可以用来描述这种对文本的流传与接纳的历史进行研究的学术工作。我对语文学的一个分支"阐释学"比较感兴趣。阐释学分析特定语词的发展变化,解释其前因后果。

构建一个文本很有趣,而且有其自身的回报。然而,当对文本的意思更加感兴趣时,那就需要进入到哲学、思想、历史、文化等等领域了。20世纪初,宗喀巴大师的一位追随者在研究《菩提道次第广论》(*Lam rim chen mo*)时,收集了不同地区的八九种木刻本,通过比对发现各版本之间存在着大量差异,甚至还有不少完全相反的内容,比如有些文本中是"med"(无),但在另一版本中却是"yod"(有)。那么,问题就是宗喀巴大师到底写了什么?哪一个版本的《菩提道次第广论》是正确的?要回答这两个问题显然与对文本的哲学理解直接相关。像《菩提道次第广论》这样广为人知的论著都存在着语词与文本问题,就更不用说其他著述了。

何欢欢:具体来说,如何进行这种基于语文学又超越语文学的研究?

范德康:首先我读各种文本,既有写本也有刻本,同时校勘比对获得的所有文本。然后寻找谁读了这些文本,留存了哪些注释,为什么会有这些注释,谁写了这些注释,写这些注释的人是如何理解的……所以，不仅要读一个文本，而且要读所有相关的文献；不仅要阅读正文，还要仔细阅读前言和后记，以及相关人物的自传与传记。总之，就是各种有关联的材料都要读。这样就会得到非常深广的图像。在藏学领域，有许多自传、他传、寺院史志等等，围绕某一特定文本可以发展出一段独特的"叙事"。

以藏传佛教研究为例，许多经典没有梵文和汉译留存下来，但有藏译。首先要收集所有可能的文本，如果是经论，就至少要收集《甘珠尔》和《丹珠尔》中的所有相关版本。《甘珠尔》和《丹珠尔》可以说相当于"汉文大藏经"，但并不完全一样：《甘珠尔》和《丹珠尔》主要是梵文和少数汉文、于阗文等的翻译文献，只有少量藏族人的撰述被收入了《丹珠尔》中；而"汉文大藏经"不仅包含了译自梵文俗语的典籍，还辑录了大量中国僧人、学者的注疏与撰述。所以，《甘珠尔》和《丹珠尔》是与"汉文大藏经"类似的经典文献的集成，但不能说就是"藏文大藏经"，这是两种不同的编撰方式。近年，中国藏学研究中心出版了《中华大藏经·藏文卷》，其中校勘了大约十一种不同刻本的《甘珠尔》，年代最早的是约 1620 年在云南理塘刻成的"理塘版甘珠尔"。

需要比较各种不同的版本是因为词句经常出现异读。例如，一个版本中写"yin"（是），另一版本则为"ma yin"（不是）。这种比读就是语文学的方式，也就是试图明确文本之间的差异，以及这些差异在特定文本的传抄过程中展现出来的意义。校勘同一文本的不同版本，虽说是试图还原该文本最有可能的本来面目，但事实上我们不可能得到真正的原始文本，只是尽可能接近。这种方法不仅适用于佛教经典研究，也适用于历史文书研究。

一旦对所研究的文本的精致程度感到满意了，那么就可以开始进行特定的历史文化或者哲学思想的阐释性研究。某种意义上讲，以文本校勘为基础的语文学是"无止境"的工作，但没有人想读无穷无尽的文献，只要在某一个点上觉得文本"够了"或者"自我满足"了，就可以进入到另一层面的研究了。这个点完全取决于个人的兴趣爱好。可能有人会说读的文献不够多，但同时也会有人说读的文献太多了；有些学者专研文本的异读，有些学者更喜欢历史与思想。所以，虽然西方的语文学有很长的历史，但做到何种程度的"语文"是够好的，则取决于个人的判定。我知道有些著名学者就喜欢校订文本，只校勘、不翻译；我却更喜欢看别人是如何理解文本的，所以在精校文本时一定会附上翻译。

我的导师施密特豪森（L. Schmithausen）先生通过对《般若经》第一章的深入研究，推断出前人可能根据自己对《般若经》的不同理解有所增加或删减，从而构建出该章内容的不同层次，呈现给我们重要的历史与思想变迁的图景。如何获得这样的"层次"？只有通过语文学的方法，欧洲人也常称"比较语文学"或"历史语文学"，也就是只有比较研究文本的细微差别才能获得，这是至关重要的。但是，最终呈现出来的历史与思想变迁的图景显然不是仅仅依靠语文学能够完成的，这需要对历史环境、思想文化的熟知。

如果语文学的研究路数尚可说出来个一二三四的具体步骤

的话,那么语文学之后的研究则很难给出类似的定量、定性的描述。

比如,我们经常会遇到的文本与作者的构建问题。有些学者说没有真正的文本和作者,我们所知道的只是对所谓"文本"的反映,而真正的"文本"从来没有存在过,因为我们永远不可能获得原始文本。对持这种观点的人来说,文本是个问题,作者也是个问题。这对我来说就成了"死胡同",意味着闭嘴、回家看电视、喝啤酒,没有意义再做现在的工作了。我在阅读时,试图通过不同的"见证者"(作者、抄写者)来理解特定的文本,对于不同版本的异读,想知道为什么会有这些不同,是什么促使后来的编辑者或读者增减删改文本?这样就把自己放置到了广阔的思想史背景中,以此来理解某一特定文本的历史与社会意义。

不管是基于语文学还是超越语文学,首先都要把语言学好。梵文对于藏学研究来说也至关重要,我经常鼓励学生至少学习几年梵文。在中国西藏、尼泊尔、日本等地的寺院都发现了不少梵文写本,这些过去被认为已经丢失的珍贵文献,现在为我们打开了一个全新的领域,而语言则是进入这些领域的钥匙。在掌握语言的基础上,再来比较不同的文本、考察文本的流传历史与思想内容等等,就可以来探讨一些有意思、有意义的问题了。

何欢欢:佛学与藏学研究中,最受争议的恐怕是有关"怛特罗"(Tantra,密教、密续)文本的研究方式,您如何看待文本释读与修行实证的关系?

范德康:我觉得从事"怛特罗"或者说密教研究的学者,多少有些实修经验会比较好。如果完全没有或者修行经验很少的话,所做的密教研究恐怕就不是"密教"了。因为显而易见的是,阅读密教文献与阅读因明等显教经典有着很大的不同,对于前者,没有实修经验的时候往往很容易误解各种术语,甚至对文本的阅读、翻译、注释等等都会变得没有意义,因为那仅仅是一种"口说"(talk),与密教本身的宗旨相违背。

所谓"怛特罗"其实是修行的文本基础,是用于指导实证仪轨的。从这种意义上讲,对"怛特罗"进行纯粹的语文学研究不是很富有建设性,因为很多文本没有什么"语文"层面的意义可言。所以,我觉得密教的文本研究应该与灌顶等宗教仪式相结合,并进行一定的如法修行。现实中也有很多人实修了之后就不再想翻译或研究"怛特罗"文本了。当然,包括宗教研究在内的任何学术研究,都是很个人的,从事"怛特罗"文本研究的学者肯定也有自己的考量和喜好,无可非议。

密教学习的另一特殊之处在于:实践修行需要依止特定的上师,不能自学自修。这是因为很多修证行为对身心都有影响,如果初学者没有得到恰当的指导的话,恐怕会损伤身心。所以,密教修行一定要依止资格具足的上师。

那么,问题就来了,如何找到资格具足的上师呢?一些自称"上师"的人并不具有"招生"资格和能力,如何辨别?这些问题倒是可以通过"看书"来解决。在"怛特罗"系列典籍中,几乎每一部都会有一段关于如何寻找具足上师的内容:学习者首先要对老师进行全方位考查,只有发现是资格具足的、适合自己的好老师,才能请求他来指导;而一旦确立了这样的上师为依止,就需要以全身心的敬仰与信任来跟随其学习。同样,几乎每一部"怛特罗"中也会有专门一段内容讲述老师应该如何考查学生,即上师也要考查弟子是否具有良好的资质与能力来接受自己的指导。这是一种双向的考查,双方都要确认对方是否"够格"。在传统的承续中,严格的收徒与发心是堪比生命之宝贵的承诺。

所谓"宗教研究者应该与宗教保持距离"的说法并不恰当,我认为研究者应该亲近宗教,至少要怀有同情与同感,这样才能更好地理解研究对象。打个比方,如果我是天主教徒,恐怕就不会从事佛教研究,因为对于完全不认同的思想文化,没有理由用一生的时间去学习。当然,我们都知道把《维摩诘经》等佛教经典翻译成法语并著有《印度佛教史》的著名学者艾蒂安·拉莫特(Étienne Lamotte,1903—1983)是天主教神父,在天主教鲁汶大学教授希腊文。我不知道他是怎么想的,但我研究佛教的一个原因是强烈的认同感,我觉得佛教中有很多值得学习的东西。

何欢欢:一些学者认为,藏传佛教在欧美受到追捧的原因主要是其神秘性。您如何看待这种说法?

范德康:藏传佛教在欧美受欢迎的原因,与其在中国、日本受欢迎的原因完全一样,就是所谓的"神秘"。一位稍有名气的藏传佛教喇嘛不管在北京、成都、台北、纽约、波士顿、柏林、巴黎,都可以吸引成千上万的民众来听法会。不管在哪里,大多数人都是冲着"怛特罗"(密教)、神通、异文化等等而去的。

举个不太恰当的例子。很多人说修习了多年的密教后获得了特殊乃至神秘的体验,事实上一个人如果长期反复练习同一件事情，比如练习十年小提琴，我相信他也可以获得一般人无法拥有的特殊体验，如果稍有音乐天赋的话，就可以成为具有特殊能力的小提琴家。很多人在修习密教多年后确实有不可思议的收获，但那并不神秘。修行就像练太极拳和中国功夫一样，不是一朝一夕的事情。即使有人像当时的李小龙一样常年练功，但毫无疑问的是，李小龙那般天赋与勤奋俱全的人是极少的，所以直到现在还没有出现第二个李小龙。

另一个有意思的现象是，东南亚的很多华裔，特别是商人，相信通过向财神等祈祷就可以获得不可思议的神通，可以帮助他们赚取更多利润，所以常常捐很多钱给云游来的喇嘛。这些喇嘛往往把钱带回尼泊尔、印度等地，建立大寺院，华裔成了事实上的最大施主（出资方）。商人的祈祷是否应验我们不得而知，但施主们肯定得到了某种好处，否则他们不会持续捐钱。

何欢欢：汉传佛教与藏传佛教之间有何相互影响？

范德康：藏传佛教对汉地的影响较大。但反之极少，不管是教义思想还是仪轨实修，汉传佛教几乎从未对藏传佛教产生过实质性影响。

虽然传说唐朝的文成公主把佛教带进了西藏，文成公主本人很可能是佛教徒，也很可能对当时的贵族阶级产生了一定的影响。但是，就我们所见到的文献资料与佛教徒的修行活动来看，藏地没有什么汉传佛教的影子。

确实，在8世纪至9世纪初，有若干部汉文佛典被翻译成了藏文，但其中的大部分原本是梵文或俗语，并不是真正意义上的汉传佛教经典。850年左右，一些禅宗传记被翻译成了藏文。这些零星的翻译并未影响藏传佛教的发展轨迹。

更有意思的是，在元代，有史料记载，很多汉人皈依了藏传佛教喇嘛，但是没有一位藏族人向汉僧学习、在汉地寺院出家。这可能是因为当时藏传佛教整体的知识水平、教育体系以及修行传统等等，很大程度上要高过汉传佛教，所以能吸引汉人。当然，这只是我的一种推测，没有直接的文献证据。所以，也可以推测在元代产生那种情况的原因是个人的爱好倾向，就像现在的汉人仍然对藏传佛教比较感兴趣，而藏族人对汉传佛教并没有什么兴趣。历史与当下情境是可以相通的。

也许你会说，在元朝，有很多藏传佛教喇嘛到北京等地来传法，能说汉语，不可能不受到汉传佛教的影响。但是，这种说法没有文献依据或者考古证明。

所以，就目前的史料发现与学术研究来看，这样说可能更公平些：汉传佛教与藏传佛教是两种平行发展的佛教传统，在历史上几乎没有实质性的交互影响。

何欢欢：国际藏学研究现状如何，取得了什么进步，还有哪些不足之处？

范德康：藏学研究在过去的五十年得到了长足的发展，不仅在美国，也在中国等世界各地。1960年以前，不管是在中国还是在其他国家，只有极少数图书馆拥有一些藏文文献。这一情况在1960年后得到了巨大的改变，因为那之后藏文资料开始被大规模印刷出版。在中国，这一进程虽然由于"文革"被暂停了一段时间,但稍后就恢复了。在印度,藏文文献的出版早已形成巨大的产业。尼泊尔和不丹也有一定的出版规模。就像在一夜之间,大量的藏文冒了出来,而且学者可以比较容易获得这些出版物,这在一定程度上激发了像我这样的西方学者对西藏研究的兴趣。

现在有关藏学研究的各种国际会议很多。例如,2013年在蒙古国乌兰巴托举行的第十三届国际藏学大会,有五百多名学者出席。我参加的第一届国际藏学大会,那时称为"青年藏学家学会",1976年在瑞士举行,只有三十人左右。这么一个小小的组织和会议,在几十年间居然扩大成了现在会员数量惊人的"国际藏学学会"(International Association of Tibetan Studies, IATS)。

总体来说,藏学研究曾经是佛学研究的一部分,在日本、欧洲、美国都是这种情况,绝大部分从事藏学研究的学者都是从研习佛教的角度来进行的,或者说佛学研究中的一部分学者的关注点是藏传佛教。然而,在过去的二十年,越来越多的人对西藏的社会思想政治(史)本身感兴趣,包括一些日本学者。对研究西藏社会政治(史)的人来说,很难获得拉萨、北京、沈阳、台北等地的档案馆资料,不仅外国人很难获得,中国学者也同样难以获得甚至更难。这至今是巨大的遗憾。事实上,很多档案馆的历史文献没有什么"敏感性",与当前的民族政治等等毫无关系,只是大部分管理人员不知道那些材料里有什么内容,于是就成了不可公开的"秘密"。

一般来说,藏族人对外国学者的研究是开放的、欢迎的,当然也有例外,比如有极少数藏族人并不喜欢外国人去接触他们的历史与文化,这本无可厚非,与所谓的"神秘主义"也毫无关系。"香格里拉"的传说是西方人制造出来后再输入西藏的,起初带有浓烈的西方殖民东方的色彩,《消失的地平线》(*Lost Horizon*)一书后来也被翻译成了藏文。这其实就是美国人常说的"比萨效应":比萨本来是由意大利人引入纽约的,结果被美国人做成了完全不同的样子,然后居然还把变了样的比萨成功输入进了意大利,现在连罗马都有了必胜客餐厅!

如果说西藏是神秘之地,那我的荷兰也是;如果说西藏文化是神秘的,那我的荷兰文化也同样神秘!其实,哪有什么神秘,就是互不相同的文化而已,就像你和我看起来如此不同!

附录
何欢欢谈梵文佛教研究

上海书评：中国的佛教从印度传入，最初是从译经开始的。您能先大致谈谈佛教史上译经的基本情况吗？

何欢欢：我比较喜欢用"织字成锦""不绝如缕"两个词来比喻性地概括佛教翻译史的纵横经纬。如果以时间为线索梳理佛教译经史，那就是充满传奇、激动人心的一千年，再加上销声隐迹、令人唏嘘感慨的一千年，而且正好以两个西历纪年之始为刻度。

东汉永平十年（67年）左右，来自印度的高僧迦叶摩腾、竺法兰在洛阳白马寺译出第一部汉语佛经《四十二章经》，后来经过东晋的鸠摩罗什、南北朝的真谛、盛唐的玄奘、北宋的施护等众多中外译师的接续努力，梵语（包括少量中亚、西域语言）佛典源源不断地被翻译为汉文。在这第一个千年里，中国佛教几乎保持着与印度大乘佛教同步发展的节奏，及时的翻译既输送了推陈出新、更迭有序的异域思想，又成为外来的佛教实现"本土化"

的最重要手段和表现。

第二个千年可以1071年宋神宗废太平兴国寺译经院为标志,其后汉地再无大规模的译经活动,零星的翻译也多以重译补苴为主,而且不少译自藏文而非梵文。现在可能有一种比较普遍的误解,认为玄奘大师之后的中国佛教徒不喜欢甚至学不会复杂难解的梵语,遂导致译经事业后继乏人。但实际上,"无经可译"才是曾经辉煌的翻梵典活动在北宋逐渐走向尾声的最主要原因,而语言本身从来不会是文化交流与文明传承的真正障碍。

佛教初传中国,汉明帝所梦"金人"固然尊贵,但是没有思想的佛像只不过是泥塑木雕的玩偶一件,白马驮来的"真经"才是法轮能够流转于汉地的关键。而当印度本土的佛教在9、10世纪加速密教化发展,一方面其创制的金刚乘经典与以儒家为代表的伦理思想有着直接而激烈的矛盾,另一方面完成了"汉化"的中国佛教已然形成了自己的正统意识与价值判断,改变了以往全盘接收式的翻译,继而对传入的梵荚采取了择宜而译、选本流通的方式。与此同时,伴随着8世纪伊斯兰教开始进入印度,至1193年佛教中心那烂陀寺(玄奘留学目的地)遭毁灭,通过海陆两条"丝绸之路"以及经由尼泊尔、西藏等地流入中土的梵文"真经"越来越少乃至几乎不可得。一旦缺乏原典输入,翻译就无从谈起。在诸多内因外缘的相互作用下,彼时已拥有千年积淀的中国佛教既不再需要以译经为主业,也就在这第二个千年里逐渐演变为与儒道成三足之势的传统,且多了一个"绝学"的美名。

称翻梵译经为"绝学"并不是最近几年学者的发明。早在1907年,陈独秀就给好友苏曼殊编撰的八卷本《梵文典》题诗:"千年绝学从今起,愿罄全功利有情,罗典文章曾再世,悉昙天语竟销声。"这几句话气贯古今、宏愿非凡,也可以看出陈独秀对佛教译经之历史与时况颇为熟悉。尤其"千年绝学"一词用得精准而巧妙,既概括了梵典译汉是有着千年传承的博大精深的"独绝"之学,又意指这是一门几乎失传了千年的"废绝"之术。苏曼殊试图重新接续起这一"销声"的"悉昙天语"("梵语"意为"梵天的语言","梵"字源自对 Brahman"梵天"的音译;"悉昙"是梵文字母的一种,常用来统称梵文),即翻梵为汉的事业,陈独秀则希望他能够圆满完成预期的研究工作以造福人类(有情众生)。

陈诗以来百年有余,新译梵典的种类逐年增加,虽无浩瀚之势,却也一直在缓慢地践行着"千年绝学从今起"的壮志期许。但需要提醒的是,近百年新译的"天语",大多属于古印度婆罗门教的传统典籍而非严格意义上的佛教经论。如季羡林先生翻译的史诗《罗摩衍那》、金克木先生翻译的《云使》、徐梵澄先生翻译的《五十奥义书》、巫白慧先生翻译的《圣教论》、黄宝生先生翻译的《瑜伽经》、拙译《胜论经》(含《月喜疏》)等等,后三种分别是被佛教称为"外道"的婆罗门教正统六派之吠檀多派、瑜伽派、胜论派的根本经典。这些现当代翻译的梵文天语是研习佛教之历史与思想所必须具备的基本文献,就像真谛译《金七十论》、玄奘译《胜宗十句义论》两部分别属于数论派和胜论派的外道典籍,作为研习佛学的补充资料,是汉文大藏经中稀见而重要的内容。

如果从相对微观的角度来看恢宏的佛教译经史,历来颇受人们关注的大概是各时期的"译场"制度。其中最让我感到震撼的是一个关于译经效率的细节——根据《开元释教录》(卷八)对译经起止日期的记载，玄奘大师翻译一卷佛典(约八千字汉文)，从宣梵起笔到定稿文言少则只需三日，多则不过六七天，极少十日以上的"大工程"。如译出两卷本的大乘中观派代表作《大乘掌珍论》，只花了六天时间(三天一卷)；翻译长达一百卷的大乘瑜伽行派代表作《瑜伽师地论》略费时，平均七天一卷。现在一般佛教学专业的博士生，恐怕读懂一卷广博深奥的佛教哲学经典就要花十天半个月的时间，还多是一知半解的状态，更不用说转换成另一种语言文字进行重新阐述。

另外，我们还可以做个粗略的计算：从645年在弘福寺开始译经到664年圆寂，玄奘大师共译出佛典约75部1350卷。按一卷八千汉字的平均值计，十九年间共翻译了一千多万字，平均每年五十多万字！玄奘大师逾不惑年后的这种持续超高产量与超高品质，恰恰与现代人惶惶的"中年学术危机"相反，当为历朝历代的学者所惊叹膜拜。如有"佛"助般的高效译经背后，除了玄奘本人超凡入圣的才能外，规模化、组织化的团队协作也功不可没——"一人主译、多人协同"的翻译模式，即"译场"，正是成就中国佛教千年译经事业的一个伟大创举。

一部译经史、半部佛教史！"译而不作""以译代作""述为译作"等等融教理于翻译、传学问于译典的范式可谓中国佛教发展史上最重要的弘承之帜。没有翻译就无从注疏，更无从讲经说法，而由梵译汉的过程本身就带入了译者对原典的理解与再释。两千年的译经活动有高潮也有低谷，时至今日未曾"断绝"，通过翻译把外来思想内化为传统文化,亦堪称人类文明交流史上的一种奇迹!

上海书评:佛教传入中国后,有很大的变化,为什么还要强调梵文佛教典籍的作用,仅仅是为了了解佛教的原始形态吗?

何欢欢:依靠梵文典籍恰恰无法真正了解佛教的原始形态,如果说这里的"原始形态"指的是释迦牟尼在世甚至圆寂后一二百年的时间,即公元前6世纪至前4世纪。

佛教形成及初传时期,以被称为"俗语"(Prākṛta)的多种古印度区域性语言(方言)为传播载体。当时虽然已有文字,但是佛说教法的修习与传承却与婆罗门教等其他诸多宗教哲学流派相同,即一直沿用古老的口授与记诵方式。早期佛教史中常见的"结集"一词的本意即是"合诵"(saṃgīti,又译"会诵"),也就是弟子们将各自记忆的教法一起背诵出来的意思。传说,佛灭后不久,大弟子迦叶担心人亡即教灭,遂聚集五百同门于王舍城,由佛弟子阿难和优波离分别背诵出了后来成为"经藏"和"律藏"的原初内容。史称"第一次结集"或者"王舍城结集"。为了便于记忆,弟子们将重要的佛之说法整理成简短的契经(sūtra)或诗句(gāthā,伽陀),开始以较固定的表达形式传承佛法(长行经文和"论藏"出现较晚),期之长久住世。

现在已不可能探知佛弟子们最初诵出成集时使用的语言或文字形态。较为肯定的只是,公元前的佛教几乎不以梵语为传播语言,更没有形成这种语言文字书写的典籍。目前发现的最早的佛典是犍陀罗语(Gāndhārī,俗语的一种)写成的,如巴扎尔

(Bajaur)藏品中的《譬喻经》残片的断代最早可至公元前184年。也有现代学者通过研究发现,支娄迦谶(东汉桓帝末年从月氏国来到洛阳的译师)于179年译出的《道行般若经》的底本很可能是由犍陀罗语撰写的,后来才翻译为梵语。

目前已知最早的梵语佛教文献是阿富汗地区(亦属犍陀罗文化圈)出土的一些残片,约为2、3世纪,如挪威邵格延(Schøyen)藏品中的《八千颂般若经》写本断代为2世纪。其他发现于中亚、尼泊尔、新疆和西藏等地的梵语佛典写本大多较晚:如19世纪末20世纪初,新疆地区出土了不少6至8世纪的写本残片;尼泊尔保存的大量写本多为9世纪以后之物;西藏地区现存的贝叶经或纸质抄本虽然保存较完整,但抄写年代更晚,多属10至13世纪。新疆和尼泊尔出土的写本由于公布较早,多年来已由美、日、德等多国学者进行了较充分研究。唯独西藏地区现存的大量写本是未被前之古人发掘的"隐匿着的第二敦煌",有待来者一探究竟!

那么,既然梵语并非"佛说",用悉昙、兰札等多种字体写成的梵文典籍也不表现佛教的原始形态,为什么还要强调梵语佛教典籍的作用?我理解主要有两个方面的原因:一是宗教传播层面的源发权威性,二是教义传释层面的追根溯源性。

中国古代强调梵文典籍是把其当作佛说的"真经"来对待的。虽然有现代学者指出最早传入中国的部分佛经原本很可能是犍陀罗语甚或龟兹等西域胡语而非梵语,但根深蒂固的传统观念是"天竺"这个古印度国家人说的都是"天语"(梵语),作为天竺王子的释迦牟尼当然也说"梵语",就像很多外国人认为古代中国人都说"汉语"、现代中国人都说"普通话"一样。因此，对大多数佛教信仰者来说，梵语具有天然的、亲切的、源发的绝对权威性。

另一方面，传入中国的绝大多数佛典确实都是梵语之书，不管是梵荚装、贝叶还是桦树皮或纸，更不论书体的"正草隶篆"，梵语作为汉译佛典的最重要源头语言是毋庸置疑的。然而，原典（原语言文本）所具有的可靠性、正确性、可读性（可理解性）、可扩展性乃至兼容性等等，并不能被翻译后的接受语——汉语——所完全共享或承续。汉译佛典是否准确、清晰、完整地保存、传递了梵语"真经"的直陈之意，是否已将"佛陀原典"的微言大义和甚深隐义如实究竟地表述了出来，是佛教传入中国后一直争论不断的话题，也是不少古代僧人"西天取经"的重要原因。

从中国历史上第一位出家为僧的汉族人、最早的西行求法僧朱士行（203—282）到《西游记》的原型人物玄奘，"西天取经"的高僧们几乎都有着相同的出发点和目的，即不满足于当时流传的汉译佛典，出于对佛法教义之绝对真理的追求，必须亲自前往原典产出地或接近的流传地以寻找答案、验证自己的理解。朱士行在魏晋老庄玄学风行之际讲读《道行般若经》，一方面辩解"空（无）"义的般若思想正符时人所好，另一方面智慧过人的朱士行敏锐地觉察到此经讲述了大乘佛教的核心义理，但是由于支娄迦谶的翻译过于简略，汉译本未能很好地传达出般若空观的精妙旨意，于是"誓志捐身，远求《大品》"(《出三藏记集》)。终在于阗访得《大品般若》梵书九十章六十余万言送回洛阳，即是后来由无叉罗和竺叔兰等译出的《放光般若》。

朱士行在洛阳时并不精通梵文,也没有其他般若类文献可供参考,只是根据自己的听闻与思考对汉译文本产生了不满甚至怀疑之情,解决办法就是沿着佛教传入中土的足迹,逆向追溯至"西天"求取原语真经,以解自心困惑,再弘正法于中土。虽然朱士行求得的梵语原典只有《放光般若》一种,且译出后仍不能完全彰显般若思想,但是对当时佛教义学以及后来整个中国佛教的发展产生了不可估量的影响。

后世还有东晋高僧法显(334—420)"慨律藏残缺"(《高僧传》),深感当时佛典(尤其戒律文本)的翻译已然滞后于中国佛教的较快发展,以65岁高龄从西安出发经西域至天竺寻求戒律典籍。再如唐僧义净(635—713)在研读了诸多古德译著后发现各家注疏解释不一、观点歧异难合,以致越学困惑越多,且汉地无人能解,于是只能像玄奘一样"留学"佛教最高学府印度那烂陀寺。而"生公说法、顽石点头"的故事中,若没有新译《大般涅槃经》(北本,昙无谶译)的佐证,纵使慧解超常的竺道生(355—434)孤明先发地提出了"一阐提成佛""众生皆有佛性",说得庐山林间的石块频频点头,也不可能成就其"未卜先知"的圣贤祖师地位,而只能作为倡导"邪说"的异教徒被拘守旧译六卷本《大般涅槃经》者永久地摈出僧团。

所以,不管是西行求法还是汉地修学,古代佛教徒(尤其学问僧)对梵语原典的强调或者追求,确实在某种程度上是为了了解佛教的原始形态,但这种"原始形态"是相对于中国佛教之"翻译形态"而言的"原语形态",以及相对于佛教"中国化""本土化"色彩愈来愈浓之"进口商形态"而言的"原产地形态"。寻求梵典、学习真经的主要目的是为了补足翻译过程中丢失的信息、尚未被翻译的内容以及修正翻译中的错谬,以追根溯源、正本清源的方式力求最准确地理解教义乃至矫邪归正。与此同时,中国佛教徒从自身的学养与见识出发,结合老庄儒道等知识文化背景来理解印度佛教的义理学说,自然容易形成纷纭的众说,需要梵语真经这种公认的标准来评判正误高低。这也是古人对知识与真理的一种终极意义的追求。

现代学者强调梵语及其典籍的作用,主要从学术研究的角度来讲,原语文献往往被认为是"重现""重构"思想与历史的关键,更有一种"上达先贤以下纠时弊"的不可替代的意义。不光是学习印度佛教需要掌握梵语,学习任何一种佛教传统都应该重视梵文典籍。就中国佛教的研究来说,梵语及其典籍更有着特殊的价值。因为基本经典都是翻译而来的"二手"资料,且不说译文优劣甚或在义理的阐发上有"青出于蓝而胜于蓝"之功效,汉译佛典天生就不具备梵语原典般神圣的决定性和唯一性,所以是人人皆可质疑甚至否定的对象。这也意味着只要有靠谱的梵语佛典被靠谱地流传翻译过来,就可以改变先前的理解和传承。于是,汉译佛典和中国佛教始终保持着一种较开放的姿态,但同时也成为带有"原语·原教旨主义"倾向的研究者所诟病的对象。

我在浙江大学开设梵语课、带领学生阅读梵语佛教经典的主要目的是为了更好地理解汉译佛典,读懂其中因为时代变迁和语言变化不易甚至无法被当代人获取的信息。在梵文原典的对照下,从点校字词开始重新认识并理解我们自己的传承。需要强调的是,"对照"是"比较"而不是"检验",在我看来,放置于现代学术研究之中的汉译佛典不需要梵语原典的"验证"。

中国佛教经历了两千多年的发展,早已不再是印度的佛教。中国佛教的基本文献是汉译佛典而不是梵胡外语,梵荚译汉之后贝叶无存,尘封在石窟陶罐中的历史文物并不是流传不断的宗教与学术现象。也就是,梵语原典一旦被翻译为汉语之后实际上不再参与中国佛教的变迁进程。因此可以说中国佛教产生、发达于对汉译本的"望文生义"和随之而来的"以真传真"或"以讹传真"。用梵语及其典籍来研究中国佛教,最重要、最有意义的部分应该是学者可以在不同语言的"对照"中发现古人如何"望文生义"、所生之"义"是"真"还是"讹"。

这里的"望文生义"不是贬义词,只是借用来形容佛教徒手持汉译本读出了自己所理解的成佛之道。"以真传真"指契合梵典,理解并传达了印度佛教的本来面目,所传之"真"成为中国佛教的重要内容。"讹"也不是贬义词,用在这里只是为了表达不完全符合梵典原文之意,然而这种"望(译)文"所生的不同于原典的"(讹)义"才是"中国化"佛教的主体和汉传佛教的主要形成模式,即汉地祖师们往往以自己的认知"创造性"地理解了译文或者在讲读译本时产生了全新的思想。这种并不契合原语的"讹"恰恰更接地气,往往能衍生出丰富多彩、各具特色的宗门"真义",昭示着中国佛教发展的个性。

上述"望文生义"及其后一系列奇妙的反应过程即是中国佛教的思想史、弘传史,却是仅仅依靠研读汉文佛典无法领悟的"历史的真实"。借助梵语典籍,学者们就可以在"对照""比较"

中层层地撕解开汉译文本中隐藏着的信息,探寻古人在面对梵典、译文、注疏、集解等不同类型的文本时的想法与思路,勾串起中印思维之间的"起承转合",在追溯和还原中更好地读懂印度佛教传入中国后的变迁理路以及汉传佛教内在自生的甚深微妙法。

因此,在强调梵文佛典的作用这一问题上,我相信自己追寻着玄奘大师等西行高僧的心迹——获取梵书并不是求法的最终目的,借助原典不断地提高自己的悟解能力,同时把佛法传译为时人易懂的语言才是根本。作为当代的研究者,面对广博精深的中国佛教,我从不以梵典之"正"去所谓客观地评判汉译之"误",而是努力做中国佛教的理解者、诠释者,以"梵为汉用"的方法来研究中国佛教之形成发展的方式、规律与特质。

上海书评:除了梵文外,您也比较熟悉藏文,藏传佛教与梵文佛教经典的关系是怎样的?

何欢欢:藏文与梵文的关系,可以粗暴简单地用日文与汉文的关系来做比较——看上去很相像,实际上完全不一样。

藏族传统认为7世纪时藏王松赞干布(617—650)派遣大臣吞弥·桑布扎(618—?)前往印度学习,参照梵文字母创制了藏文。(吞弥·桑布扎奉命前往印度时大约只有15岁,在印度苦学7年后于641年回到拉萨;恰好同年,42岁左右的唐僧玄奘在曲女城辩论大会上完胜全印度论师,获得了"大乘天"的美誉,并于两年后即643年回国。)与梵文一样,藏文也是拼音文字,从左至右书写。但是,藏语和梵语却分别属于汉藏语系和印欧语系,是两种完全不同的语言。吞弥·桑布扎创制文字的同时编撰了藏文语法,还翻译了二十多部佛典。所以,藏文从产生之初起就与梵文佛典有着密切联系。这种"亲密关系"一直伴随着藏文佛典的翻译和藏传佛教的发展,以至于人们常常认为藏传佛教是"最印度"的佛教。

藏传佛教与梵文佛典的关系简单来说就是藏传佛教的基本经典绝大多数都译自梵文,藏译佛典不仅在藏传佛教内部具有非常特殊而重要的地位,而且对汉传佛教在内的所有传承来说都是不可或缺的。

藏传佛教的基本经典一般指收于《甘珠尔》(bka''gyur)和《丹珠尔》(bstan'gyur)中的典籍。《甘珠尔》意为"教敕译典",是佛陀言教的合集,也称"正藏";《丹珠尔》意为"论述译典",是印度论师著作的总集,亦称"副藏"。与汉传佛教将汉译佛典和中国古代高僧的撰述合称为"汉文大藏经"不同的是,藏传佛教实际上没有"大藏经"的概念,所谓"西藏大藏经""藏文大藏经"是近现代学者根据"汉文大藏经"(一切经)的构成方式,在西藏传统的"二藏"(《甘珠尔》《丹珠尔》)分类法的基础上增加了藏族僧人的撰述部分,即《文集》(gsung'bum,音译"松绷")而成的。更重要的是,从藏传佛教传统而独特的"二藏"分类法来看,入藏的"内典"只有翻译文献——藏文"珠尔"('gyur)即是"翻译"的意思,而包括宗喀巴大师(1357—1419)在内的藏族高僧大德的撰述实际上已被默认为"藏外典籍"。这种"珠尔二藏"分类法突显了藏传佛教对梵文经典的推崇。当然,藏传佛教也非常重视藏族祖师的著作。

现在一般统计,《甘珠尔》含显教经律361部,密教经典757部,共计1118部,用纸4万多张(双面书写);《丹珠尔》含显教论书754部,密教论书2623部,共计3377部,用纸7万多张(双面书写);其中只有极少量典籍译自汉语、于阗语等其他语言文字,如收入《丹珠尔》的藏族译师管·法成('gos chos grub,8、9世纪)翻译的玄奘的新罗弟子圆测(613—696)撰《解深密经疏》(汉文原文早已部分散佚)。从译自梵文的数量之多也可以看出藏传佛教与梵典的密切关系,"珠尔"译典构成了藏传佛教的文献主体、思想宝库。

由于藏文模仿自梵文的特殊性以及创制之初即用于翻译的需要,藏文在构词、句型等不少方面都与梵文具有一定的相似性,一些虚词、动词前缀等用法甚至与梵文有着很好的对应关系。而且,为了方便流畅地翻译梵文佛典,藏文的拼写、词汇、译法等也得到了不少人为的规范和统一,如史上三次规模较大的"厘定藏文"活动。从《翻译名义大集》(bye brag rtog byed)和《声明要领二卷》(sgra sbyor bam gnyis)两书也可以一窥梵典译藏的基本原则和思路,前者以辞典的形式把重要术语以梵藏文对照的方式排列,后者以语汇分析的方法力求意译理解梵文。因此,藏译常被认为能够准确、清晰地表达梵文原典中的语法信息和思想含义,是一种难得的精准翻译;与此同时,从藏译文"构拟"(回译)梵文也比较容易达到高准确率。梵藏互译所具有的这种特殊的语言与文化优势,使得藏译对理解梵文原典有着巨大的帮助作用,这是国际学界在研究印度佛教时非常重视藏译的一个重要原因。

值得一提的是,藏译佛典不仅在规模和数量上远远超过了现存的梵文本,而且在内容和构成上与汉文、巴利文佛典形成重要的互补关系。世界三大语系佛教(汉传、藏传、南传)的经典,由于各自所接受时的佛教属于不同发展阶段的"印度佛教",故在经典的传承上有着明显的差异。阿育王时代,摩哂陀(Mahinda)将佛教传入斯里兰卡,佛法即以摩哂陀的母语巴利语——中印度西南的卑提写(Vedisa,Bhilsa)地区的古代方言——流传,后成为巴利语佛典,因此南传藏经中保存了较多早期佛教和部派佛教(原始佛教、小乘佛教)的典籍。中国汉地从1世纪译出《四十二章经》到唐末译经走向衰落,其间汉译的大量典籍属于印度初期和中期大乘佛教。而佛教的晚期阶段即大乘密教,由于8世纪左右才在印度兴盛起来,故较少传入斯里兰卡和汉地,但却恰逢佛教传入西藏的黄金时间,因此藏译佛典里保存了很多巴利语和汉译本中没有的晚期大乘密教典籍。三大语系的佛典既存在着大量的对应关系,可以进行校勘比较,探寻梵文原典在不同的传承系统中的译本流变与思想发展;也形成了很好的相互补善关系,综合研究三大语系的佛典能更完整地再现佛教发展的历史全貌、更全面地理解教法义理。

上海书评:佛教研究学者很看重语文学的方法,对汉文、藏文、梵文经典进行校勘比对。能为我们介绍一下吗?

何欢欢:在我看来,语文学是佛教研究的一种基础方法和重要的研究范式,同时也是校勘、翻译类研究的直接成果,但并不是所有的佛教研究都必须使用或者遵循语文学的方法。当然,这么说之前应该首先明确"佛教研究是什么""语文学是什么"。

中国的大部分高校，把包括佛教在内的宗教研究都归入了哲学系，作为哲学的一个二级学科而存在（只有北大等极少数高校设有宗教学系）。同时，越来越多的人也意识到，佛教作为一个综合性的历史文化现象和载体，显然不仅仅是文献典籍构成的"故纸堆"，还有美丽的唐卡、优雅的佛像、庄重的法会仪式以及活跃着的僧俗信众团体。所以，越来越多以佛教为主要对象的研究出现在了人类学、社会学、艺术学、心理学甚至人工智能等学科领域，这些大多不属于传统的古典学式的佛教研究，却是现代人了解佛教、认识佛教、信仰佛教、传承佛教的重要途径和方式。

我从本科起就在哲学系，一直以语文学（文献学）为主要方法来研究佛教，不清楚其他学科具体如何从事佛教研究，但直觉其他的研究不会跟我们哲学系一样，否则就不成为其他学科了。在近现代以来形成的人文学术环境中，语文学是最容易掌握、最容易普及、最容易标准化、最容易被评价的方法论之一，因而可以说是最适合进行规范的学术训练与研究的一种方式，但绝不是理解佛教的"不二法门"，更不是佛教研究的全部。以禅宗为代表的中国佛教讲究"不立文字、教外别传"，某种意义上是对语文学的绝对排斥，但在当代的学术研究和评价体系中，我们似乎找不到语文学以外的其他更好的方法来（至少看似）合乎逻辑地研究禅宗。如讨论《坛经》时若只用"宗宝本"而不提"敦煌本"，就会被认为学术不严谨，容易堕入"心灵鸡汤"的尴尬境地。

对于"语文学是什么"的问题，国内外学界有很多讨论，我自己三四年前专门就这个问题采访过奥地利科学院斯坦因凯勒教授、东京大学斋藤明教授、哈佛大学范德康教授，三位不同文化与学术背景的资深学者都阐述了自己的独到见解。但就我自己学习、研究、教书的经历来说，佛教研究视域下的语文学（不妄论其他人文学科）是在学好至少一种专业外语（梵语、藏语、巴利语、日语等）的基础上，通过对勘、比较、翻译等方法读懂文本，并向其他人展示文本的基本意思；至于展示文本后的事情，我宁可称之为阐释学或者哲学思想研究。语文学是方法，而不是境界或目的。打个或许不太恰当的比方，《新约全书（和合本修订版）》（香港圣经公会，2006）是语文学领域的研究和成果，而"一千个观众眼中有一千个哈姆雷特"则是阐释学层面的研究和成果。二者的最大区别在于，前者存在着预设的最佳甚至唯一答案，研究者追求的是尽可能契合预设或者贴近原作者，即通过文本读懂古人所要表达的内容，供时人理解；后者则没有最佳答案的预设，结果的呈现形式越丰富往往越能体现研究者与众不同的观察视角和思维深度，给同行或社会的参考价值也更大。

语文学并不是一个适合空谈的理论话题，而是一项完全依靠实际操作的烦琐工程。尽管学者们对语文学的定义与意义有诸多分歧，但对如何进行具体的语文学研究则始终保持着基本一致：第一步，尽可能掌握多种相关语言；第二步，尽可能找到研究文本的所有存世原语本和翻译本（版本越多越好）；第三步，从字形、标点、词义、语法等多种角度比较、对勘不同版本，同时一边选择最佳的字词句法制作成"精校本"，一边翻译成研究者的工作语言即"现代译本"，并给"精校本"和"现代译本"分别加上必要的"注释"。制作精校本、翻译为现代语言、撰写注释应该同时完成，而且三者的质量相辅相成、合而为一，因为未经翻译检验的精校本无法自证其选择的"答案"为最佳，没有注释的补充则无法说明必要的信息与知识。对汉、藏、梵文等多种古代经典进行识别与校勘比对是相当烦琐的工作，非常考验耐心与毅力，同时技术的可操作性和重复性较强，将来应该有望交给 AI（人工智能）去完成。

佛教研究中的语文学和诠释学的区别或界限在于"注释"的程度与多寡。语文学的工作可以说从辨认字形开始、以撰写注释结束，此时的注释应当"适可而止"，或者适用"奥卡姆剃刀"原理，即"如无必要勿增实体（注释）"。也就是说，语文学的"注释"要限制在对文本本身的解释上，不可也无须过多阐发，否则将对后人的阅读产生导向性影响或增添倾向性障碍。与此相对，诠释学的工作则应以精校本及其注释为起点，以理论的阐发和体系的构建为终点，进行诠释时所添加的注释可以"随遇而安"，即没有标准限制也没有规矩可逾，撰写阐发性注释体现的是学者的原创能力与思想精神。在现实的佛教研究中，无法明确区分上述两项工作，因为在制作精校本和进行翻译的过程中永远不知道"注释"到什么程度是最合适的，少了显得孤陋寡闻，多则恐为肆意发挥。同时，也有很多学者常常不满足于现有的文本，如因不适从自己的认知或预判而怀疑手上的"精校本"有误，有语言能力者在求真精神的驱使下便会去重复前人已经完成了的语文学工作，然后再回归属于"本职"的思想或其他研究。

在各种方法论层出不穷的时代，佛教研究的国际主流范式仍然是基于语文学的思想研究,即文本解读与哲学分析二者缺一不可。人们常说,掌握了一门新的语言就打开了另一个世界的大门,扎实学好语言才是关键,否则语文学和思想研究都只是空中楼阁。但若停留在语言学习的阶段,肯定无法成就真正的佛教研究。入门之后,如何拾级而上需要语文学细致耐心的功夫,最终达到何种境界应该取决于思维能否"跳出文本"、思想能否自由创新了吧。

斯坦因凯勒教授等诸多杰出的佛学家都欣然接受"语文学家"的称号,我相信他们只是自信而自谦——制作的"精校本"已垂范后世,但作为学者的思想尚无法企及佛陀智慧之一二,然而这已经是凡俗之人能够完成的最好的工作了!

智者止于"语文学",却把成佛的机会留给了哲学家!

上海书评:佛教对大多数信众来说,很大程度上是实修的,作为绝学的梵文佛教研究与实修的关系是什么?

何欢欢:很遗憾,作为绝学的梵文佛教研究与实修没什么关系!我们的研究以梵、汉、藏、巴利、日文等多语种文献为主要对象,对文本进行校勘、比较、翻译、解读,是理论性的工作,而且是几乎无法指导实践的纯理论研究。虽然有些文本属于密教的仪轨或修行手册,给人读懂了就可以按照"手册"自己实修甚至指导别人实修的错觉。事实上,象牙塔的学术研究无法指导修行,但是研读原典肯定有助于提高自身的认识、辨别以及思维能力,起码能比盲从信仰者更容易寻到适合自己的好老师或者好方法,从而进行如法实修。

佛教的实修分很多种,不仅藏密的"男女双修"、唐密的"准提法"、东密的"阿字观"是实修,口念"阿弥陀佛"和参禅打坐都可以是实修,在家居士日常所做的"早晚功课"也是实修。按照禅宗说的"佛法在世间,不离世间觉"(《坛经》)、"佛法事在日用处、在尔行住坐卧处、吃茶吃饭处、言语相问处"(《景德传灯录》),生活的方方面面都可以成为佛法的实践。只不过大家对念佛打坐习以为常了,意识不到那其实是佛教徒在修行而不是随随便便地念念有词。

平时课前课后,偶尔也会碰到拿着梵文或藏文咒语来求问发音含义的"好奇者"。也许在很多人看来,从事梵文佛教研究的学者可以更准确地发出梵语藏音,或者通过解读经咒的意义来增强持咒的力量。但是,这种认知与真正的佛教修行传统恰好相反。学者确实可以根据研究构拟或还原古代的发音,但释迦牟尼佛在世时就提倡以各自的方言传法,从这一理念讲,任何口音念诵的咒语都不会产生优劣之别,如此,现代人只管念好自己家乡话的经咒即可。如果有人稍较真些,认为发错了音就会变成念诵其他的咒语,一不小心走火入魔,那么应该仔细模仿直接听闻而来的上师之音,最大程度地减少中间辗转传送产生的讹误,法音清流莫过于此,而不是征求所谓专家的学术意见。

至于咒语的字面意思,更不需要先搞清楚再行实修。玄奘大师亲定的"五种不翻"的第一种就是"秘密故,如陀罗尼",意思是像"陀罗尼"那样表达秘密之意的梵文不应该意译,而只需用表音汉字标记出来,如《心经》最后一句"揭谛揭谛,波罗揭谛,波罗僧揭谛,菩提萨婆诃"即是音译而不表意。如果非要把这句经咒的意思翻译出来,也未尝不可,大意是:"去去,到彼岸,一起到彼岸,觉悟圆满吧!"但这种解词释义并不会对理解《心经》"色即是空、空即是色"之"缘起性空"的思想有所帮助,反倒消解了咒语原本的神秘色彩和神圣意味。

持咒的一大功能是帮助收摄心散乱的心识,使之定于一处,如果执着于发音和字义就会舍本逐末。学术研究之于实修的关系也同此理。

上海书评:您能不能谈谈现在梵文佛教典籍研究的现状以及今后的走向?

何欢欢:梵文佛教典籍研究是真正的"冷门""绝学",从近年出版的相关成果来看,目前全国的研究人员不过数十人。梵文的研习伴随着佛教进入中国,始终以"难学""繁学"著称,既是外语外来之学,又深深地扎根于本土文化,星星之火时断时续地燃了两千年却从未出现过燎原之势,当代数十人的专职研究规模已然创造了历史之最。同时,与其他几乎很难被普罗大众知晓的"冷门""绝学"相比,实际上曲高和寡更甚于阳春白雪的梵文佛教却一直是坊间"喜闻乐见""不明觉厉"的谈论对象,这除了佛教文化长期深入人心的影响外,也应归功于玄奘、季羡林等古今高僧大德在梵文佛教研究领域树立的丰功伟业和创造的巨大社会影响力。

人文研究在欧、美、日的逐渐衰落早已是不争的事实,曾经作为印度学的一部分在西方学界拥有辉煌的近现代学术史的梵文佛典研究也不例外。如今哈佛大学、东京大学、牛津大学等世界著名高校仍然保持着一定规模的研究力量,并试图在整体的颓势中寻找新的学术增长点以继续引领时代潮流。与此相对,国内的研究在最近二十年间一直处于快速上升的发展时期,其中有两个标志性的事件:一是 2005 年北京大学恢复了曾停止二十多年的梵语、巴利语专业本科招生;二是中国社会科学院在党和国家领导人的直接关怀下,于 2010 年依托"国家社科基金重大委托项目·梵文研究及人才队伍建设"成立了梵文研究中心。包括我自己在内的大部分青年学者,都是在北大和中国社科院的培养下同时又经过多年国外学习而活跃于国际学界的。另外,我们浙江大学佛教资源与研究中心自 2016 年初成立以来,一方面开设梵语、藏语、巴利语、日语等课程并出版相关研究成果,培养有志于从事"绝学"工作的后继人才;另一方面与哈佛大学等机构合作共建"佛教通用数字档案馆"(BUDA),用学术与技术相结合的方式来保存并免费共享多语种、多形态的佛教资源,目前数据库已拥有全球最大量的佛教文献资料,且仍在不断地增加、更新和优化。

作为天然的极小众学科,我们从来不担心学生人数太少,即使是"一对一"的教学也能使人类的这种古老文明得以延续,反倒是直接研究对象——梵文原典——的缺席将导致学术缺乏活力和新鲜感。就像我在第一个问题里谈到的,"无经可译"才是曾经辉煌的翻梵典活动在北宋逐渐走向尾声的最主要原因;对于现代学术来说也一样,没有"新"梵文本可供研究才是最令人担忧的事。

诚然,并不是所有的研究都需要基于新文献,也不是有了新材料就一定会产出优秀的新成果,更何况经典之所以成为经典正在于它可以被不断地反复解读。对于已经积累了大量多语种文献、形成了较固定的方法范式、有着悠久学术史的梵文佛教典籍研究来说,没有新写本、新材料也许较难实现语文学意义上的原创性成果,却不会影响诠释学意义上的思想史研究和新理论构建,更不会障碍知识的传播与文明的传承。但是,一如"藏经洞"开启了"敦煌学","敦煌在中国,敦煌学在日本"的传言被普遍采信的一个重要原因就是敦煌文献早早被掳之国外,中国学者难以得见更谈不上研究,却让有能力和机会的日本学者捷足先登。梵文佛典研究与敦煌学非常类似,最重要的"一手"资料是稀缺的原典,尤其是大量的孤本、珍本,谁掌握了文本资源就相当于扼住了这个领域的咽喉。目前国内只有中国藏学研究中心和北京大学藏有少量未公开的梵文写本,对外公开的都是已经被(内部)研究过的"旧本",很多学者只能做着"新瓶装旧酒"的工作以使"酒"弥香浓、传久远。

　　那么,未被前人研究过的新梵文本从哪儿来?显然不是现代人能够新写出来的,而是只能依靠出土文物或者家传寺承。如前面已经谈到,新疆和尼泊尔出土的写本公布较早,已由多国学者进行了较充分研究,目前已知的尚待"开发"的优质梵文写本资源几乎只剩下我国西藏自治区保存的大量珍贵贝叶经和纸质抄本。梵文佛典研究的未来或许将长期平稳如故,学者们从辨别字体、校勘词句到翻译解读,按部就班地"为往圣继绝学";然学海无涯,也不会有穷尽的一天。亦或许某天数万梵荚"横空出世"打破惯常的平衡,那么,专业知识的积累辅之以现代科技,很可能再出现几位玄奘级的大译师、佛学家,开启中国佛教译经与弘传的第三个千年。

因此,可以毫不夸张地说,全世界梵文佛教典籍研究的走向在很大程度上都取决于保存的梵文资源(贝叶经和纸质抄本等多种形态的文献和文物)的管理情况,何时公开、向谁公开、如何公开等等都将是影响国内外几代学者以及学术与文明之传承的重要问题。

(澎湃新闻·上海书评记者:黄晓峰)